高等学校经济管理类专业
实验教学系列教材

冯 力 主编

统计学实验

（第四版）

东北财经大学出版社
Dongbei University of Finance & Economics Press

大连

图书在版编目（CIP）数据

统计学实验/冯力主编. —4版. —大连：东北财经大学出版社，
2018.8（2022.1重印）
（高等学校经济管理类专业实验教学系列教材）
ISBN 978-7-5654-3257-6

Ⅰ. 统… Ⅱ. 冯… Ⅲ. 统计学-实验-高等学校-教材 Ⅳ. C8-33

中国版本图书馆CIP数据核字（2018）第165812号

东北财经大学出版社出版
（大连市黑石礁尖山街217号 邮政编码 116025）
网 址：http://www.dufep.cn
读者信箱：dufep@dufe.edu.cn

大连东泰彩印技术开发有限公司印刷 东北财经大学出版社发行

幅面尺寸：170mm×240mm 字数：276千字 印张：14
2018年8月第4版 2022年1月第15次印刷

责任编辑：李 彬 王 斌 责任校对：贺 欣
封面设计：张智波 版式设计：钟福建

定价：32.00元

第四版前言

《统计学实验》（第四版）遵循循序渐进、各项实验内容相对独立的原则进行修订。全部实验内容仍然能够在25~33个课时内完成。我们设计了一套实验教学方案，教师可在此基础上做一些取舍。

	实验内容	课时
基础实验	实验一　建立数据集	2
	实验二　数据集的预处理	2
	实验三　品质型数据的图表描述	1
	实验四　数值型数据的图表描述	1
	实验五　统计量描述	1
	实验六　单样本t检验	1
	实验七　两个独立样本t检验	1
	实验八　配对样本t检验	1
	实验九　列联分析	2
	实验十　单因素方差分析	1
	实验十一　多因素方差分析	1
	实验十二　协方差分析	1
	实验十三　相关分析	1
	实验十四　简单线性回归分析	1
	实验十五　多元线性回归分析	1
	实验十六　曲线估计	1
	实验十七　时间序列分析	2
	实验十八　层次聚类	1
	实验十九　K-Means聚类	1
	实验二十　因子分析	2
	小　　计	25
综合应用	综合实验一	2
	综合实验二	2
	小　　计	4
实验课题	实验课题一	1
	实验课题二	1
	实验课题三	1
	实验课题四	1
	小　　计	4
	合　　计	33

修订工作具体分工如下：基础工具篇，基础实验篇中实验一、实验二，综合应用篇中综合实验一、综合实验二，实验课题篇中实验课题一、实验课题二、实验课题三、实验课题四，冯力；基础实验篇中实验三、实验四，刘沈忠；基础实验篇中实验五，冯叔民；基础实验篇中实验六、实验七、实验八，孙玉环；基础实验篇中实验九，庄连平；基础实验篇中实验十、实验十一、实验十二，马晓君；基础实验篇中实验十三，屈超；基础实验篇中实验十四、实验十五、实验十六，尚红云；基础实验篇中实验十七，田成诗；基础实验篇中实验十八、实验十九，孙旭；基础实验篇中实验二十，金钰。

虽然编者竭尽全力，但由于水平有限，错误与不当之处在所难免，敬请各位专家、读者不吝赐教，编者将不胜感激。

教材附有光盘及配套的网络资源，请登录 www.dufep.cn 免费下载！

编　者
2018 年 5 月

第一版前言

《统计学实验》是面向高等学校经济管理类专业本科生的一本统计学教材，是东北财经大学校级精品课程"统计学（含 SPSS）"的配套教材。本书核心内容为以 SPSS 为工具的统计方法应用。全书分为基础工具篇、基础实验篇和综合应用篇三部分。

基础工具篇中包括统计方法概览和 SPSS 工具简介两部分基础性内容，系统梳理了统计学中的基本概念和基本方法，并对接下来将在课内实验中用作数据处理工具的 SPSS 统计软件做了简明扼要的介绍。

基础实验篇是本书的主体，由对应于描述统计和推断统计中各种主要方法的 20 个实验项目组成。每一个实验项目包含实验目的、准备知识、实验内容、实验步骤、问题思考和实验总结 6 个要点，内容涉及数据集的建立、数据集的预处理、数据的图表描述、数据的统计量描述、假设检验、参数估计、列联分析、方差分析、相关分析、回归分析等基础统计方法，以及时间序列分析、聚类分析和因子分析等部分高级统计方法，同时还涉及相关的 SPSS 操作方法。

综合应用篇中提供了两个比较典型的综合性实验项目，力图营造一种接近于实际数据处理工作的氛围，使学生在掌握了各种统计方法的基础上，能够融会贯通、灵活运用，提高分析问题和解决问题的能力。

统计是一门应用性强的方法论科学。本书的编写积极贯彻行为指导型的教学理念，理论与实践并重，紧密配合理论教学，以学生主动学习和动手操作为主，教师指导和答疑解惑为辅，力求摒弃知识灌输型的传统教学方式，摆脱理论学习与实际操作两层皮的不利倾向。我们期待这本教材能够得到广大师生的欢迎和使用，能够对统计教学改革起到积极的促进作用，并共同为繁荣我国的统计事业贡献一份力量。

本书由东北财经大学统计学院教师集体编写，具体分工如下：基础工具篇由冯力编写；基础实验篇中实验一、实验二由冯力编写，实验三、实验四由刘沈忠编写，实验五由冯叔民编写，实验六、实验七、实验八由孙玉环编写，实验九由庄连平编写，实验十、实验十一、实验十二由马晓君编写，实验十三由屈超编写，实验十四、实验十五、实验十六由尚红云编写，实验十七由田成诗编写，实验十八、实验十九由孙旭编写，实验二十由金钰编写；综合应用篇由冯力编写。全书由冯力总纂定稿，徐建邦教授主审。

本书在编写过程中，汲取了近年来出版的相关书籍的精华，并承蒙许多专家、教授给予了大量的、极为有益的指导，在此一并致以诚挚的谢意。限于编者的经验和水平，本书不妥之处在所难免，恳请有关专家及广大读者批评指正。

编　者

2008 年 1 月

目　录

基础工具篇

统计方法概览

我进行的这项工作所使用的方法……即用数字、重量和尺度的词汇来表达我自己想说明的问题。

——威廉·配第

威廉·配第（William Petty，1623—1687）：英国古典政治经济学创始人，统计学家。威廉·配第出生于英国一个手工业者家族，从事过商船上的水手、服务员、医生、音乐教授等许多职业。他13岁进入卡昂大学学习，后进入牛津大学研修医学，1649年获医学博士学位。曾担任牛津大学解剖学教授。1650年到英国驻爱尔兰军队中去做医生。1651年成为爱尔兰总督小克伦威尔的侍从医生。后来逐渐离开医学，从政，从商，发展为贵族。他头脑聪明，学习勤奋，敢于冒险，善于投机，晚年成为拥有大片土地的大地主，还先后创办了渔场、冶铁和铝矿企业。威廉·配第的主要贡献是最先提出了劳动决定价值的基本原理，并在劳动价值论的基础上考察了工资、地租、利息等范畴，他把地租看作剩余价值的基本形态。威廉·配第还在其著名的《政治算术》一书中，第一次采用"用数字说明事实"的方法，因此，马克思称他为"政治经济学之父，在某种程度上也可以说是统计学的创始人"。

【统计的基本概念】

统计是搜集、分析、表述和解释数据的艺术和科学。它是对千百年来人们从数量方面认识事物的过程中所获得的实践经验的概括和总结。迄今统计已经形成了一套庞大而严整的概念和方法体系，是一门方法论科学。统计方法在科学实验和社会经济实践的各个领域中都有着非常广泛的应用。统计的应用特别强调方法的选择。每涉及一个具体的认识对象，常会有多种统计方法可供选择，这些方法从理论上讲都可以达到预期的认识目的，但不同的统计方法会形成不同的认识路径，如果方法选择准确的话，就会以最短的路径和最简洁的形式得出可靠的分析结论。分析方法的最佳选择及分析结果的完美表述往往有赖于统计分析人员建立在深厚的统计素养基础上的灵感。所以说，统计又是一门艺术。

统计方法的一个显著特点是大量性。它将大量的个别事物以整体来看待，从整体上把握其某一个方面的数量特征。这种由大量的个别事物所构成的整体，在统计中称为总体。总体在某一方面的数量特征，称为总体参数。

统计方法的又一个显著特点是迁回性。获取总体参数的具体取值，是统计认识的直接目的，但这个取值往往是无法直接获取的，需要先从总体中抽取一些个体，再就这些个体的有关方面的属性来搜集数据、加工计算，进而推断或估计出总体参数的具体取值。为了达到认识目的而从总体中抽取出来的这些个体，在统计中称为样本。由样本数据加工计算出来的用以推断总体参数的数，称为统计量。与所要获取的总体参数的取值相关联的，总体中众多个体在某一个方面的属性，称为变量。

对总体、样本、变量、总体参数、统计量这些概念要联系起来理解和把握。总体在其中处于核心地位，统计的整个概念体系是围绕总体概念构建起来的。

【统计的基本程序】

作为从数量方面认识事物的一种专门方法，统计有其固有的操作程序。从事任何一项具体的统计工作，都要严格遵守这一程序。统计的基本程序可用图1来概括。

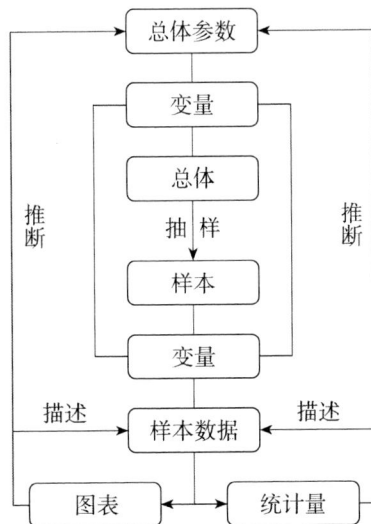

图 1　统计的基本程序

　　准确把握统计的基本程序，有助于我们对统计方法体系内在结构的深入理解和全面掌握。

　　总体参数是统计认识的直接目的，在实际的操作程序中却是绕了一个圈子，走的是一条迂回路线：由总体抽取样本，就变量测量得到样本数据，由样本数据计算统计量的值，由统计量的值估计总体参数的具体取值。

【统计的基本内容】

　　统计的方法体系可大体分为三个基本构成：抽样方法、描述方法和推断方法。

1. 抽样方法

抽样方法的主要构成内容如图2所示。

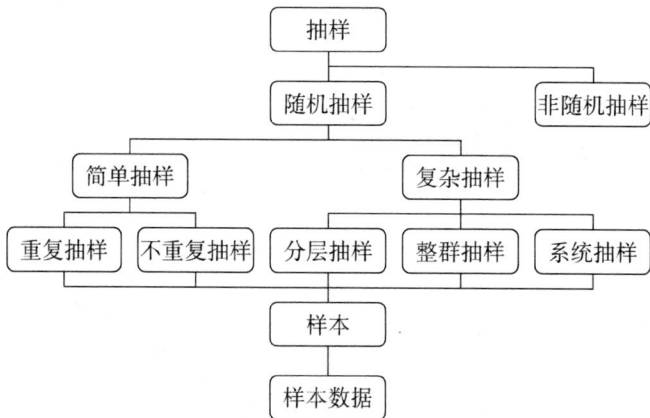

图2　抽样方法的主要构成内容

　　为保证推断结果的准确性和可靠性，样本的抽取需要专门的方法。样本的抽取大体分为两类方法：随机抽样和非随机抽样。建立在概率论与数理统计基础上的样本获取方法应当是随机抽样。这类方法可以保证最终推断的结果具备确定的把握程度和准确程度。

　　针对构成内容比较单纯划一的总体进行小规模的抽样，可采用简单随机抽样。简单随机抽样具体分为重复抽样与不重复抽样两种方式。对于规模比较大、构成内容比较复杂的总体，应当结合统计研究的目的以及相关的限制条件选用分层抽样、整群抽样或系统抽样等较为复杂的抽样方法。

　　非随机抽样也不失为一类可行的抽样方法，它操作简便，易于掌握，但其推断结果不具备确定的把握程度和准确程度。

2.描述方法

原始的样本数据是大量的，而且往往是杂乱无章的，需要对其进行专门的整理和加工才可用于推断总体参数。对样本数据的整理和加工以及接下来的统计量的计算过程，同时也是对样本数据的概括和描述过程。统计描述方法分为图表描述与统计量描述两类。其具体内容如图3所示。

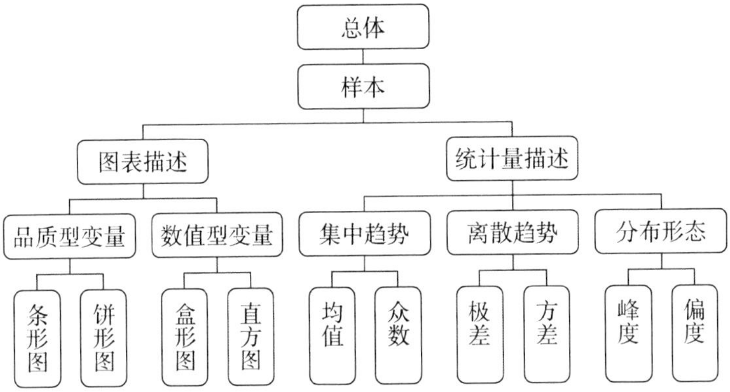

```
总体
└─ 样本
   ├─ 图表描述
   │  ├─ 品质型变量
   │  │  ├─ 条形图
   │  │  └─ 饼形图
   │  └─ 数值型变量
   │     ├─ 盒形图
   │     └─ 直方图
   └─ 统计量描述
      ├─ 集中趋势
      │  ├─ 均值
      │  └─ 众数
      ├─ 离散趋势
      │  ├─ 极差
      │  └─ 方差
      └─ 分布形态
         ├─ 峰度
         └─ 偏度
```

图3　描述方法的基本构成内容

样本中所包含的众多个体在给定变量的各个取值上的分布状况可通过频数分布表来描述。更为直观而生动的描述方法是在频数分布表的基础上制作频数分布图。统计中所涉及的变量可分为定类变量、定序变量、定距变量和定比变量四种类型。定类变量和定序变量，统称为品质型变量；定距变量和定比变量，统称为数值型变量。适用于品质型变量的频数分布图形主要有条形图和饼形图；适用于数值型变量的频数分布图形主要有直方图和盒形图。此外，还有茎叶图、点线图等。

频数分布有钟形分布、U形分布和J形分布三种主要类型。确定一个给定数据所属的频数分布类型，是统计工作的一项重要内容。各种类型下的频数分布的具体细节，特别是钟形分布，可通过计算统计量进行数量上的刻画。用于描述的统计量主要有描述集中趋势的统计量三种类型，具体包括均值、众数、中位数等；描述离散趋势的统计量，具体包括极差、方差、标准差等；描述分布形态的统计量，具体包括峰度、偏度等。此外，分位数，特别是上、下四分位数，也常被用于描述数据的集中趋势和离散趋势。

3.推断方法

统计推断就是在给定的准确程度和把握程度下，用样本统计量的值来估计对应的总体参数。推断方法是统计方法体系中的主体。针对单个变量或两个变量之间的关系进行推断的方法，属于基础统计方法，其主要构成内容如图4所示。

假设检验与参数估计贯穿于统计推断过程的始终。在就两变量之间的关系进行统计推断时，由于两个变量所属类型不同，又具体分为方差分析、列联分析、秩的方法、回归分析和逻辑斯蒂分析等方法。

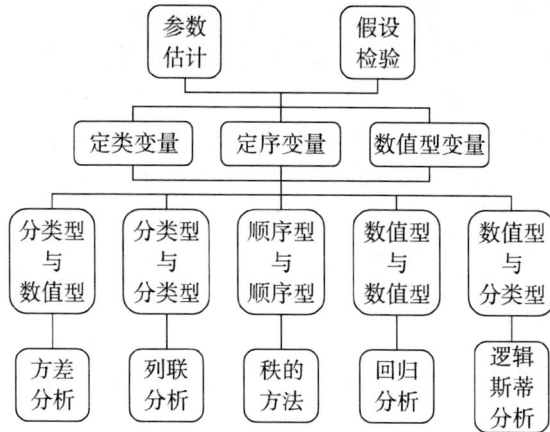

图4 基础统计推断方法的主要构成内容

如果是时间序列样本数据，对应的又有时间序列分析的各种方法；如果是就三个或三个以上变量的关系进行统计推断，则有各种多元统计分析方法，主要的多元统计分析方法有因子分析和聚类分析。

SPSS工具简介

【SPSS简介】

工欲善其事，必先利其器。

——孔子

统计要与大量的数据打交道，涉及十分繁杂的计算和图表绘制。现代的数据分析工作如果离开统计软件几乎是无法正常开展的。在准确理解和掌握了各种统计方法原理之后，再来掌握一两种统计分析软件的实际操作，是十分必要的。

常见的统计软件有SAS、SPSS、S-PLUS、MINITAB、EXCEL等。这些统计软件的功能和作用大同小异，各自有所侧重，有的比较专业一些，有的则比较通用。其中的SAS与SPSS是目前在大型企业、各类院校以及科研机构中较为流行的两种统计软件。特别是SPSS，其界面友好、功能强大、易学、易用，包含了几乎全部尖端的统计分析方法，具备完善的数据定义、操作管理和开放的数据接口以及灵活而美观的统计表格和统计图形制作。SPSS在各类院校以及科研机构中更为流行。在本书中我们选择了SPSS作为统计方法应用实验活动的工具。

SPSS原是Statistical Package for the Social Science的英文缩写，意思是社会科学统计软件包，但是随着SPSS产品服务领域的扩大和服务深度的增加，SPSS公司已于2000年正式将其英文全称更改为Statistical Product and Service Solutions，意为统计产品与服务解决方案。SPSS最初是由美国斯坦福大学的3位研究生在20世纪60年代末研制的，起初只是面向企事业单位，后来为适应各种操作系统平台的要求经历了多次版本更新。至20世纪90年代，随着微机Windows操作系统的出现和盛行，又相继诞生了十几个版本，统称为SPSS for Windows版。SPSS for Windows的最新版本为SPSS for Windows 22.0版。各种版本的SPSS for Windows大同小异，本书的实验工具选择了SPSS for Windows 16.0全模块英文版。

【SPSS的安装、启动和退出】

1.安装

作为适用于Windows操作系统的应用软件产品，SPSS for Windows安装的基本步骤与其他常用的软件基本相同。其具体步骤如下：

（1）启动计算机，将SPSS软件安装光盘插入光盘驱动器。

（2）运行资源管理器，鼠标双击光盘驱动器图标。

（3）在资源管理器目录窗口中找到SPSS的起始安装文件setup并执行。此时会看到SPSS安装的初始窗口，系统将自动进行安装前的准备工作。

（4）按照安装程序的提示，用户根据自己的需要填写和选择必要的参数。一般的选项为：

①接受软件使用协议。

②指定将SPSS软件安装到计算机的某个目录下。

③选择安装类型。SPSS有典型安装（typical）、压缩安装（compact）和用户自定义安装（custom）三种安装类型。一般选择典型安装。

④选择安装组件。SPSS具有组合式软件的特征，在安装时用户可以根据自己的分析需要，选择部分模块安装。一般可接受安装程序的默认选择。

⑤选择将软件安装在网络服务器上还是本地计算机上。通常安装在本地计算机上。

⑥输入软件的合法序列号。在购买SPSS软件时厂商会提供序列号。

2.启动

安装完毕后，应注意查看是否有安装成功的提示信息出现，以判断是否已经将SPSS成功地安装到计算机上了。安装成功后就可以启动运行SPSS for Windows软件了。SPSS有三种启动方法：

（1）由程序启动，步骤如下：【开始】→【程序】→【SPSS for Windows】。

（2）双击SPSS图标启动。

（3）如果已经建立了SPSS数据集，可双击SPSS数据集图标启动。

SPSS启动后，屏幕上将会出现显示版本的提示画面和文件选择对话框，并同时打开SPSS主窗口。

3.退出

SPSS有三种退出方法：

（1）双击主窗口左上角的窗口菜单控制图标。

（2）在主窗口中按下列步骤退出：【File】→【Exit】。

（3）单击主窗口右上角"⊠"图标。

【SPSS的主要界面】

SPSS软件运行过程中会出现多个界面，各个界面用处不同。其中，最主要的界面有三个：数据浏览界面、变量浏览界面和结果输出界面。

1.数据浏览界面

数据浏览界面是启动SPSS，出现SPSS主窗口后的默认界面，主要由以下几个部分组成：标题栏、菜单栏、工具栏、编辑栏、变量名栏、内容栏、窗口切换标签、状态栏（如图5所示）。

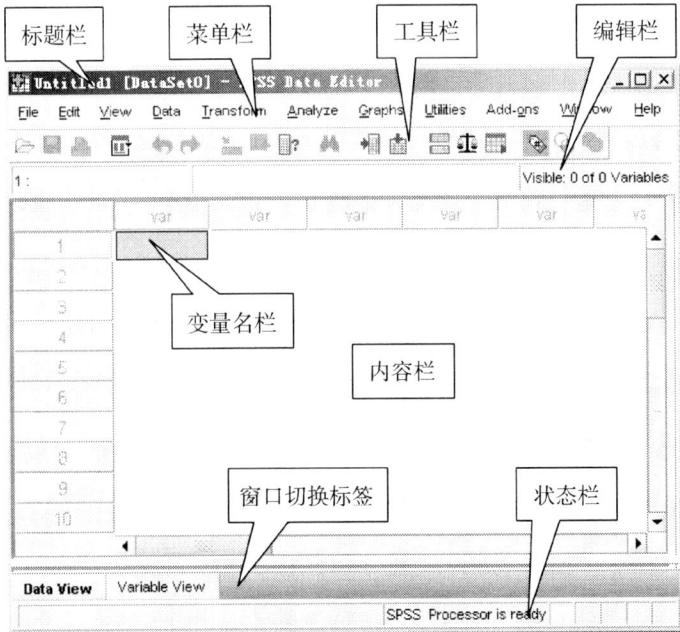

图5　数据浏览界面

（1）标题栏。标题栏显示数据编辑的数据文件名。

（2）菜单栏。菜单栏包括SPSS的11个命令菜单，每个菜单对应一组相应的功能。"File"是文件的操作菜单；"Edit"是文件的编辑菜单；"View"是用户界面设置菜单；"Data"是数据的建立与编辑菜单；"Transform"是数据基本处理菜单；"Analyze"是统计分析菜单；"Graphs"是统计图形菜单，输出各种分析图形；"Utilities"是统计分析实用程序菜单；"Add-ons"是附加功能，这是SPSS 16.0版本新增的一个命令菜单；"Windows"是窗口控制菜单；"Help"是帮助菜单。

（3）工具栏。工具栏中列示了一些常用操作工具的快捷图标。操作者可以根据需要增减操作工具栏中的快捷图标，以使操作更为方便。

（4）编辑栏。编辑栏中可以输入数据，以使它显示在内容区指定的方格里。

（5）变量名栏。变量名栏列出了数据文件中所包含变量的变量名。

（6）内容栏。内容栏列出了数据文件中的所有观测值。左边的序号列示了数据文件中的所有观测。观测的个数通常与样本容量的大小一致。

（7）窗口切换标签。窗口切换标签处有两个标签："Data View"和"Variable View"，即数据浏览和变量浏览。"Data View"对应的表格用于样本数据的查看、录入和修改。"Variable View"用于变量属性定义的输入与修改。

（8）状态栏。状态栏用于显示SPSS当前的运行状态。SPSS被打开时，将会显示"SPSS Processor is ready"的提示信息。

2.变量浏览界面

在主窗口中的数据浏览界面上点击窗口切换标签中的"Variable View"，即可进入变量浏览界面（如图6所示）。

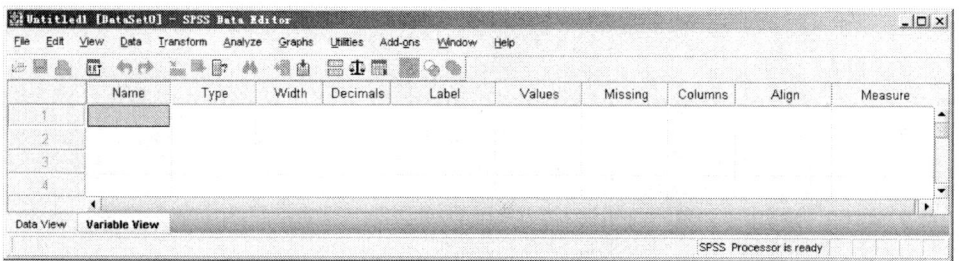

图6　变量浏览界面

在变量浏览界面中可对数据文件中的各个变量进行定义。建立数据集时，需要定义变量的10个属性。这10个属性分别是变量名（Name）、变量类型（Type）、宽度（Width）、小数位数（Decimals）、变量标签（Label）、取值标签（Values）、缺失值（Missing）、列宽（Columns）、对齐方式（Align）、数据度量尺度（Measure）。

3.结果输出界面

结果输出界面是SPSS的另一个主要界面，该界面的主要功能是显示和管理SPSS统计分析的结果、报表及图形。结果输出界面主要由4个部分组成：菜单栏、工具栏、输出结果区和索引输出区（如图7所示）。

索引输出区用于显示已有分析结果的标题和内容索引，以简洁的方式反映和提示输出结果区的各项输出内容，以便于用户查找和操作。索引输出以一个索引树根结构显示，当需要查找输出结果时，只要单击索引树上相应的图表名称，该图标就会显示在窗口中。

输出结果区输出的是研究者所要得到的具体图表，与索引输出区的结果是一一对应的。输出结果区的图表可以进行编辑等操作。如果要选取某一图表进行编辑，可双击该图表，当图表四周出现黑色边框时，即可对图表中的数据进行编辑。

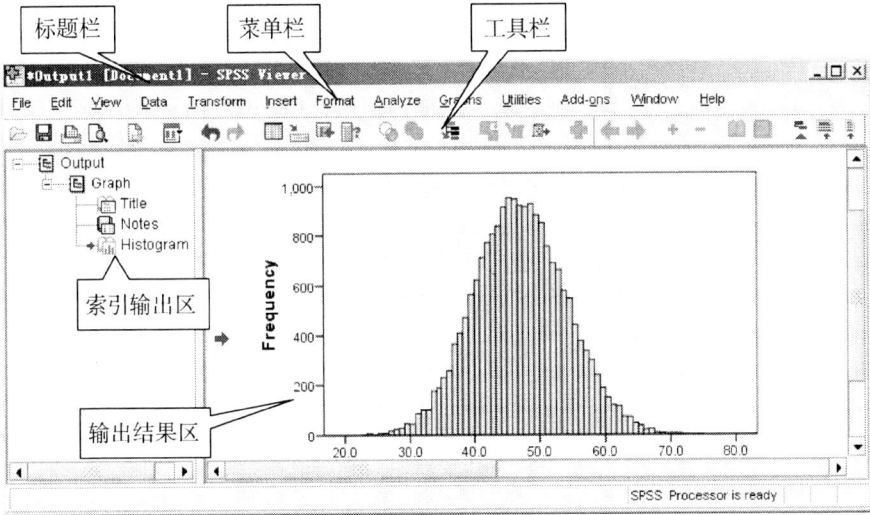

图7　结果输出界面

基础实验篇

实验一　建立数据集

在花费同样的时间和劳动的情况下，完整细致地检查数据的搜集过程或者说试验过程，常常会增加10倍或12倍的收益。实验结束后向一个统计学家咨询的，常常是要他提出一个后续的检验，他或许能指出实验失败的原因。

——罗纳尔德·艾尔默·费希尔

罗纳尔德·艾尔默·费希尔（Ronald Aylmer Fisher，1890—1962）：英国著名统计学家、遗传学家，现代数理统计学的主要奠基人之一。费希尔出生在一个没落的拍卖商人家庭，1909年靠一笔助学金进入剑桥大学附属的一个学院学习数学和物理，1913年毕业后在一家投资公司工作，两年后到一所中学教数学和物理，并开始致力于生物统计学研究。1919年在罗萨姆斯泰德农业试验站做统计工作，这使他获得了丰富的实验数据和资料。费希尔在抽样分布理论、相关回归分析、多元统计分析、最大似然估计理论、实验设计、方差分析、假设检验等方面都有重要的建树。费希尔还是统计遗传学的创始人之一，是著名的遗传学家和优生学家。费希尔培养了一批优秀的学生，并形成了一个实力雄厚的学派。先后出版《研究工作者的统计方法》《实验设计》等专著6部，发表的近300篇论文搜集在《费希尔文集》中。1929年当选为英国皇家学会会员，1952年被授予爵士称号。

【实验目的】

1. 了解统计的基本程序及样本数据在整个程序中的位置。
2. 掌握统计数据测量尺度的类型及变量的类型。
3. 掌握统计数据的结构。
4. 了解原始样本数据与SPSS数据集之间的对应关系。

5. 熟练掌握 SPSS 数据集的建立方法。

6. 熟悉 SPSS 主窗口及主要界面。

【准备知识】

1. 变量及其类型划分

在一项具体的统计活动中，我们会对总体中众多个体某一个或几个方面的属性感兴趣，这些属性被称为变量。

可依据数据测量尺度的不同来划分变量类型。数据测量包括定类尺度、定序尺度、定距尺度和定比尺度四种尺度。

（1）定类尺度（nominal）是按照某种属性对事物进行平行的分类。它是显示事物数量特征的最粗糙的一种尺度。用定类尺度测量所获得的数据只适用于是非判断运算（=、≠）。

（2）定序尺度（ordinal）可对事物类别间等级或次序差别进行测度。定序尺度在显示事物数量特征方面要比定类尺度更详尽一些。用定序尺度测量所获得的数据不仅适用于是非判断运算，还适用于大小比较运算（>、<）。

（3）定距尺度（interval）可对事物类别或次序之间的差距进行测度。定距尺度在显示事物数量特征方面要比定序尺度更详尽一些。定距尺度测量所获得的数据不仅适用于是非判断运算、大小比较运算，还适用于加减运算（+、-）。

（4）定比尺度（ratio）可对事物类别或次序之间的差距及差别程度进行测度。定比尺度在显示事物数量特征方面要比定距尺度更详尽一些。定比尺度测量所获得的数据不仅适用于是非判断运算、大小比较运算、加减运算，还适用于乘除运算（×、÷）。

依据数据测量尺度的不同，可将变量划分为定类变量、定序变量、定距变量、定比变量四种类型。

其中，定距变量和定比变量的数据直接表现为数字，而定类变量和定序变量的数据则不直接表现为数字。因此，实践中人们常把定距变量和定比变量统称为数值型变量，将定类变量和定序变量统称为品质型变量。

在 SPSS 中，变量被划分为定类变量（nominal）、定序变量（ordinal）和数值型变量（scale）三种类型。建立 SPSS 数据集时，应注意变量的划分方式（见表 1-1）。

2. 数据结构

样本数据是就某一个或某几个变量，针对样本中的每一个个体搜集或测量所得到的数据。尽管在实际统计活动中，研究对象千差万别，样本容量大小不一，变量个数多少不同，但样本数据的基本结构是始终不变的。

表1-1　　　　　　　　　　　　　　　变量类型的划分

变量类型 测量尺度	品质型变量		数值型变量	
	定类变量	定序变量	定距变量	定比变量
定类（=、≠）	√	√	√	√
定序（<、>）		√	√	√
定距（+、−）			√	√
定比（×、÷）				√

　　一个典型的样本数据包含两个且仅仅是两个构成要素：变量与观测。一个具体的样本数据可以有一个变量，也可以有两个，甚至几十个变量。观测指的是样本中某一个个体在各个变量下的全体取值。如果某一样本的容量为n，那么观测的个数就是n个。

　　要把观测与观测值相区别。观测的个数对应样本容量，观测值的个数则对应样本容量与变量的个数。如果一个容量为n的样本中变量的个数为p，则观测值的个数为n×p。还应把变量值的个数与观测值的个数相区别，样本数据中的变量值指的是一个变量下的n个观测值中都有哪些取值，一般地讲一个变量下变量值的个数总是小于观测值的个数。样本数据的一般结构如图1-1所示。

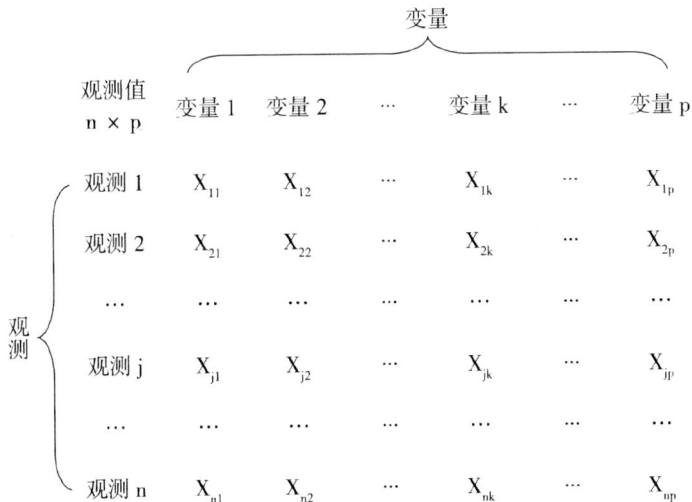

观测值 n × p	变量				
	变量 1	变量 2	…	变量 k	…	变量 p
观测 1	X_{11}	X_{12}	…	X_{1k}	…	X_{1p}
观测 2	X_{21}	X_{22}	…	X_{2k}	…	X_{2p}
…	…	…	…	…	…	…
观测 j	X_{j1}	X_{j2}	…	X_{jk}	…	X_{jp}
…	…	…	…	…	…	…
观测 n	X_{n1}	X_{n2}	…	X_{nk}	…	X_{np}

图1-1　数据结构

　　在表述样本数据时，通常将变量纵向排列，观测横向排列。

【实验内容】

　　尊敬的女士（先生）：非常感谢您配合填写此问卷。此问卷调查中国公众购买电视机的态度，您认真回答各项问题对此次调查非常重要。问卷内容将按有关规定做保密处理（见表1-2）。

表1-2　　　　　　　　　　　　问卷调查表

您的性别	男	女	您的年龄		您的学历	初中以下	初中	高中	大专	本科	研究生
您的月收入（人民币元）				您家收看电视信号的类型			普通		有线		数字
您家拥有电视机的数量				您家拥有电视机的品牌				您是否准备更换或购买新电视机			
请对以下陈述表明您的态度（在相应的格内打"√"）	非常不同意		不同意		略不同意		中立	略同意		同意	非常同意
1.电视机对我的生活来说很重要											
2.电视机档次应当与我的社会地位相符											
3.相比较而言，我更喜欢液晶或等离子电视机											
4.相比较而言，我更喜欢进口原装电视机品牌											
5.我对我家电视机的各种功能都了解并会使用											
6.我购买电视机时相信售货员的介绍											
7.促销活动是我购买电视机时的主要考虑											
8.价格是我购买电视机时的主要考虑											
9.我知道很多电视机品牌，并能说出其特点											
10.中国人应当尽量购买中国品牌电视机											

谢谢您的合作！

这是一份表格式问卷，此次问卷调查总共回收了40份问卷，所获取的原始问卷数据请参见data1-1-1.，获得原始问卷数据之后的第一件事就是要建立一个能够运用SPSS进行统计分析的完整的SPSS数据集。

【实验步骤】

1.确定变量个数

问卷中共有18个问答项目，并且被设计为是否式或单选式。加上观测序号，此数据集可设置19个变量，即序号、性别、年龄、学历、月收入、信号类型、电视机数量、电视机品牌、更换购买、问题1、问题2、问题3、问题4、问题5、问题6、问题7、问题8、问题9、问题10。

2.定义变量属性

在SPSS主窗口的左下角处，点击"Variable View"标签，切换至变量浏览界面。进入变量浏览界面之后，即可对19个变量一一加以定义。SPSS数据集要求定义变量的10个属性，即Name、Type、Width、Decimals、Label、Values、Missing、Columns、Align、Measure。

（1）Name：变量名。定义变量名时需注意以下几个问题：

①变量名必须以字母为首，后面跟 a～z、0～9字符，对于字符数量，在SPSS13.0以上版本中没有具体限制，但需要注意，"?""!""/""\"等不能用作变量名，变量名也不能带扩展名，如A1.2。

②有些关键词不能作为变量名，如AND、NOT、EQ、LT、LE、GT、GE、NE、TO、BY、CROSSTABS、WITH、ALL、THRU、PERCENTAGE。SPSS不区分大小写字符，但程序中的命令和关键词要用大写字母，表示系统内定，变量名等宜用小写字母，表示人为指定。

③可以用中文作变量名，但最好不用，因为涉及兼容性的问题，很多情况下输出可能会产生乱码，造成不便。

本数据集中的19个变量的变量名可分别定义为number、gender、age、education、income、type、amount、brand、new、question1、question2、question3、question4、question5、question6、question7、question8、question9、question10（如图1-2所示）。

（2）Type：变量类型。点击"Type"按钮，将会出现"▦"标志，点击此标志将会出现如图1-3所示的变量类型对话框。在此对话框中有8种变量类型可供选择。

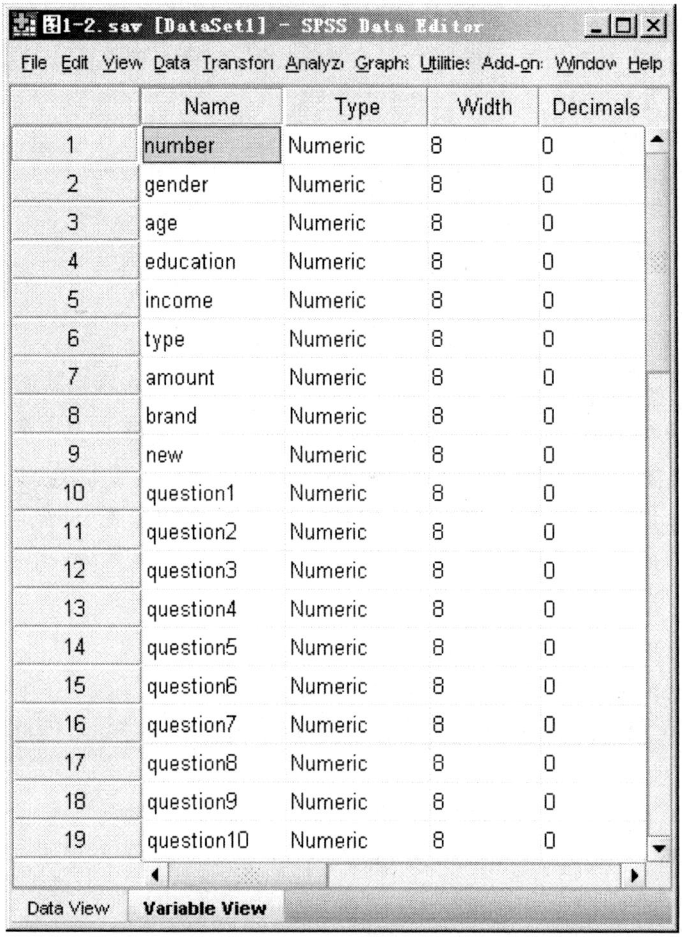

图1-2 定义变量名

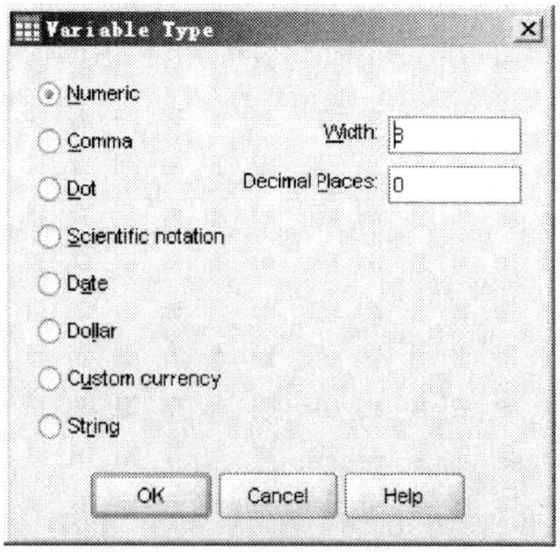

图1-3 变量类型对话框

①Numeric：数值型。通常情况下，可选 Numeric，这也是 SPSS 的默认选项。系统默认长度为8，小数位为2。

②Comma：带逗号的数值型，即整数部分每3位数加一个逗号，其余定义方式

同数值型。例如，输入123456，将显示123，456。

③Dot：带圆点的数值型。不论数值大小，均以整数形式出现，每3位加一个圆点（但不是小数点）。

④Scientific notation：科学计数法。

⑤Date：日期型。

⑥Dollar：货币型。

⑦Custom currency：自定义型。

⑧String：字符串型。选中该选项后，可在数据输入时输入中文或英文字符。通常情况下字符串型少用为宜。

（3）Width：宽度。运算宽度，默认值为8，运算宽度实际上只会改变输出结果的显示宽度，数据的存储结果与运算的精度不受宽度的影响。

（4）Decimal Places：小数位数。默认为2位小数。

（5）Label：变量标签。用来扼要说明变量名的含义，例如，本数据中19个变量名number、gender、age、education、income、type、amount、brand、new、question1、question2、question3、question4、question5、question6、question7、question8、question9、question10下的变量标签可分别定义为：序号、性别、年龄、学历、月收入、信号类型、电视机数量、电视机品牌、更换购买、问题1、问题2、问题3、问题4、问题5、问题6、问题7、问题8、问题9、问题10。

（6）Values：取值标签。取值标签用于针对定类变量的取值进行编码。譬如，在针对性别变量gender定义取值标签时，可定义1代表男，2代表女。在第一个"Value"文本框中输入1，再在第二个"Label"文本框中输入男，点击"Add"按钮确认，即可定义"1='男'"，再定义"2='女'"。最后点击"OK"按钮即可（如图1-4所示）。

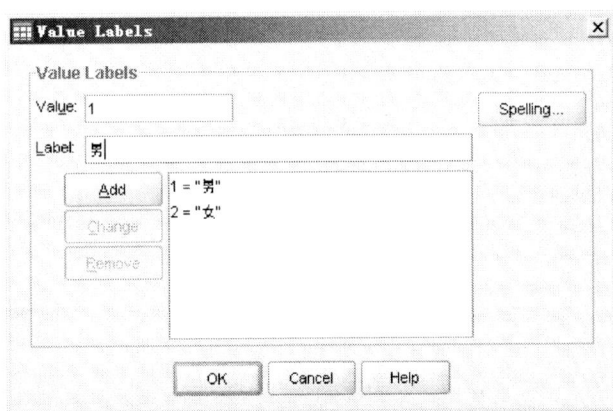

图1-4　取值标签对话框

（7）Missing：缺失值。SPSS有两类缺失值：系统缺失值和用户缺失值。在Data View界面中，任何空着的数字单元都被认为是系统缺失值，用点号"."表示。由于特殊原因形成的信息缺失值，称为用户缺失值。譬如，在统计过程中，可能需要区别一些被访者不愿意回答的问题，然后将它们标为用户缺失值，统计过程可识别这些标志，带有缺失值的观测将被特别处理。

单击"Missing"按钮，再单击弹出的"▒"按钮，进入"Missing Values"对话框（如图1-5所示）。

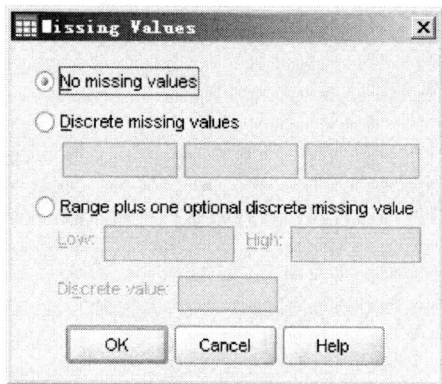

图1-5 "Missing Values"对话框

对话框中有3个选项，默认值为最上方的"No missing values"，即不自定义缺失值的方式。第二项"Discrete missing values"，指定离散的缺失值，最多可以定义3个值。最后一项"Range plus one optional discrete missing value"，指定缺失值存在的区间范围，并可同时指定一个离散值。本实验中不考虑缺失值的存在。

（8）Columns：列宽。可输入变量所在列的列宽，默认为8。

（9）Align：对齐方式。有3种选择：left为左对齐；center为居中对齐；right为右对齐。

（10）Measure：数据度量尺度。有3种选择：nominal（定类型）、ordinal（定序型）和scale（数值型）。

本数据中的19个变量的定义内容见表1-3，其中省略了Width、Decimals、Missing、Columns、Align 5个属性的内容。

表1-3   **数据中变量属性的定义**

序号	Name	Type	Label	Values	Measure
1	number	Numeric	序号	None	nominal
2	gender	Numeric	性别	1=男，2=女	nominal
3	age	Numeric	年龄		scale
4	education	Numeric	学历	（略）	ordinal
5	income	Numeric	月收入		scale
6	type	Numeric	信号类型	1=普通，2=有线，3=数字	nominal
7	amount	Numeric	电视机数量		scale

续表

序号	Name	Type	Label	Values	Measure
8	brand	Numeric	电视机品牌	（略）	nominal
9	new	Numeric	更换购买	1=是，2=否	nominal
10	question1	Numeric	问题1	（略）	ordinal
11	question2	Numeric	问题2	（略）	ordinal
12	question3	Numeric	问题3	（略）	ordinal
13	question4	Numeric	问题4	（略）	ordinal
14	question5	Numeric	问题5	（略）	ordinal
15	question6	Numeric	问题6	（略）	ordinal
16	question7	Numeric	问题7	（略）	ordinal
17	question8	Numeric	问题8	（略）	ordinal
18	question9	Numeric	问题9	（略）	ordinal
19	question10	Numeric	问题10	（略）	ordinal

本数据在SPSS中定义完毕的19个变量如图1-6所示。

图1-6 定义完毕的19个变量

3.录入样本数据

变量定义完成后，在SPSS主窗口中的左下角处，点击"Data View"标签，切换至数据浏览界面，通过键盘输入40份问卷中的原始数据。数据录入完成后所建立起来的 SPSS 数据集如图 1-7 所示。参见数据集"data1-1.sav"。

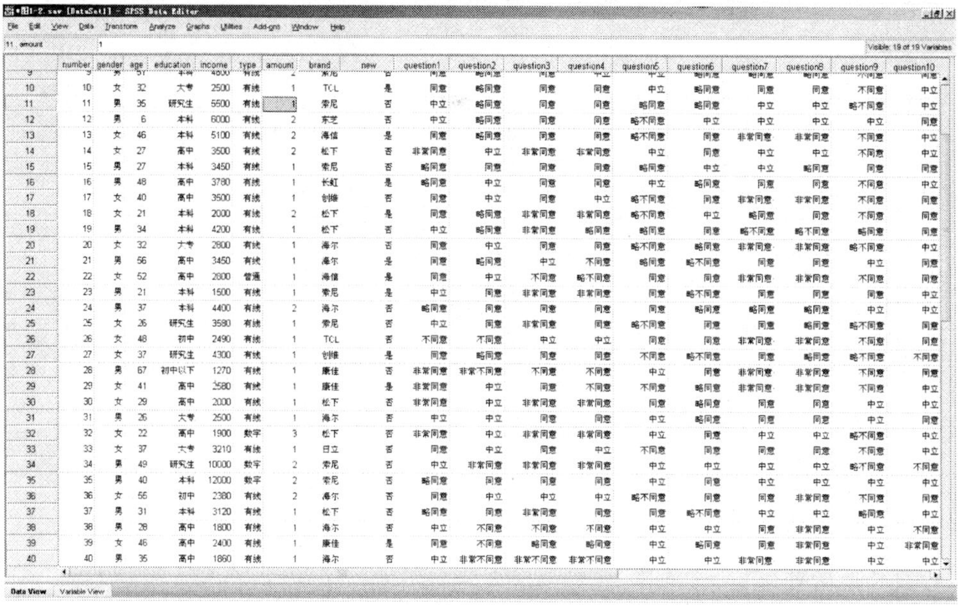

图 1-7　SPSS 数据集

【问题思考】

1. 调查问卷中的问答设计一般有哪几种方式可供采用？本问卷中的 18 个问题被设计为是否式和单选式，这种设计是否合理？本问卷中的哪几个问题设计成多选式或量表会更合理一些？

2. 根据本次调查的研究目的，本问卷是否有必要增加变量，多提问一些问题？

3. 缺失值对于统计分析的结果有什么影响？如果在建立数据集的过程中考虑到缺失值的情况，应当如何处理？

【实验总结】

就你所感兴趣的课题，自主设计调查方案，搜集有关数据，并建立一个包含品质型变量与数值型变量的 SPSS 数据集。

实验二　数据集的预处理

你觉得数据无聊是因为这不是你想知道的，或者说你并没有意识到这些数据和真实世界的联系。

——汉斯·罗斯林

【实验目的】

1.了解对原始数据进行预处理的意义。

2.进一步熟悉SPSS主窗口中的数据浏览界面。

3.熟练掌握针对SPSS数据集进行编辑、整理和初步加工的方法与步骤。

【准备知识】

1.数据的审核

数据资料搜集上来并完成数据录入之后，接下来的工作就是审核。数据审核就是对调查取得的原始数据进行审查与核实。其目的在于保证资料的完整性、准确性和客观性，为进一步的资料整理打下基础。在调查过程中，由于所研究的问题和采取的调查方法不同，所取得的数据资料也是各种各样的。对于不同类型的数据资料，审核的内容、方法和侧重点会有所不同。一般而言，数据资料审核的内容主要包括完整性、准确性和及时性三个方面。

（1）完整性。检查所有的调查表或调查问卷是否已经收全并完整录入，调查的所有问题是否都填写齐全，如有缺失值则应当予以补齐。无法补齐时，应当制定相应的解决对策，以便于以后的深入分析。

（2）准确性。检查数据资料是否真实地反映了调查对象的客观情况，内容是否符合常理；检查数据资料是否有错误，计算是否正确。

（3）及时性。检查资料与实际发生的时间间隔长短，一般来说间隔越短越好。检查所填项目所属时间与调查要求的项目所属时间是否一致，若二者不一致，则不能用来分析所研究的问题。

2.数据的分组

数据资料整理过程中的分组，就是根据研究的目的，按照有关变量的各个不同取值将数据资料区分为若干不同的部分。其目的是便于以后的对比分析，以揭示研究对象内在的结构特征。

数据的分组分三种情况：按定类变量的不同取值进行分组、按定序变量的不同取值进行分组和按数值型变量的不同取值进行分组。

（1）定类变量是离散取值的，因此一般情况下可以把数据区分成有限的组别。定类变量的取值没有顺序性，因此，组与组之间的排列也没有顺序上的要求。

（2）定序变量也是离散取值的，但具有顺序性，因此，组与组之间的排列也要讲求顺序性。

（3）数值型变量通常都是连续取值的，分组时需要做进一步的技术处理，譬如，将数值型变量定类化，即重新编码。这些工作都要在数据的预处理过程中完成。

总而言之，由于种种原因，已经录入数据集中的样本数据经常需要进行审核、修改、分组、合并、排序、初步加工计算、重新编码、个案观测的寻找、插入和删除等必要的预处理工作。

【实验内容】

"必修课选逃，选修课必逃"，如今像这样的话语在大学校园中极为流行。时下大学生逃课成了一种比较普遍的现象，对各高校来说这可是一个不容忽视的问题，它会影响到学校教学质量和学生专业知识的提高。正常的教学秩序既会促进校风的建设，同时也可为学生的学习创造一个良好的环境。

经历了"黑色"6月，千辛万苦，好不容易迈进梦寐以求的大学校园，背负着父母殷切希望的大学生本应珍惜学习机会，努力学习。可他们为什么要逃课呢？逃课后又在做些什么呢？逃课是否会影响到学习成绩呢？带着这些问题，由统计学院6名本科学生组成的"财园6人统计调研小组"，制订了一个调查研究方案。该方案以在校二年级本科生为研究总体，花费了一个多星期的课余时间，通过发放和回收调查问卷，随机采访了120名二年级本科生，获取了第一手数据资料。调查问卷的部分内容如下：

关于本科生逃课情况的调查

亲爱的同学，现在逃课现象并非新鲜事，虽然是不正确的做法，但这是事实。我们在此就逃课现象做一个调查，试图进一步揭示一点情况。下面占用您一点时间，回答几个小问题。

1.您每周逃课的频率

A.偶尔　　　　　　B.有时　　　　　　C.经常　　　　　　D.从不

2.您逃课后的主要活动

A.上网　　　　　　B.睡觉　　　　　　C.自习　　　　　　D.其他

3.您对逃课的看法

A.无所谓　　　　　B.有点在意　　　　C.过后会自责　　　D.下不为例

4.您认为逃课是否对学习成绩存在较大的影响

A.会　　　　　　　B.不会

再次感谢您的合作！

财园6人统计调研小组

这是一个小型的统计调研活动，可通过此例熟悉和掌握统计调研的基本方法、基本内容和基本步骤，培养从事实际统计工作的能力。调研方案要精心设计，中途回头重新修改是一件很麻烦的事情。数据搜集活动要身体力行。通过实际的数据采集活动，你会真切地体会到统计果真是一门艺术。

此次调查共回收120份卷，所建立的SPSS数据集请参见data2-1.，但此次关于本科生逃课情况的调查问卷设计得过于简单，由此所搜集上来的数据不能满足深入研究的需要。为此，他们采取一项补救办法，又通过有关渠道专门搜集了120位被访者英语、数学、经济学、统计学4门课程的期末考试成绩。所获取的数据文件是一个Excel格式的文件，参见数据集"data2-2.xls"。该文件包含5个变量和与原先120位被访者相对应的120个观测。5个变量的变量名分别为number、english、math、economics、statistics。

现在需要将这个Excel格式的文件转换为SPSS数据集，再与最初的SPSS数据集"data2-1.sav"合并为一个完整的SPSS数据集。在此基础上，进一步拓展研究范围，进而得出更为深刻的分析结论。

此外，在针对合并后的SPSS数据集进行具体的统计分析之前，还有大量细致的数据预处理工作需要完成。

【实验步骤】

1.转换Excel格式文件为SPSS数据集

（1）打开SPSS主窗口，选择菜单：【File】→【Open】→【Data】，系统会弹出一个"Open File"对话框。在此对话框中选择数据文件类型"Excels（*.xls）"，并输入Excel格式文件数据文件名"data2-2.xls"。

（2）点击打开按钮，弹出如图2-1所示的对话框。

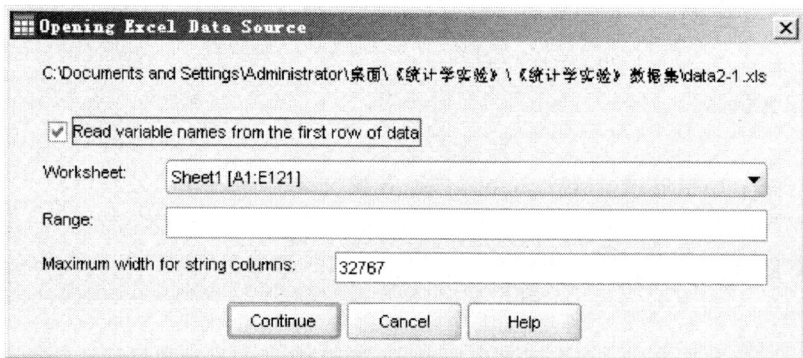

图2-1 读入Excel数据文件

（3）点击此对话框中的"Continue"按钮，即可在SPSS主窗口中以SPSS数据集格式打开此Excel格式文件，稍加调整，命名保存后即可获得一个内容相同的SPSS数据集，参见数据集"data2-3.sav"。

2.合并数据集

将最初获得的SPSS数据集"data2-1.sav"与由Excel格式文件转换获得的数据集"data2-3.sav"加以合并。

两个数据集各自所包含的观测是一致的，变量有所不同。这种合并称为横向合并，即将两个观测一致、变量不同的数据集合并为一个完整的数据集。其具体合并步骤如下：

（1）在数据浏览窗口中打开"data2-1.sav"。选择菜单：【Data】→【Merge File】→【Add Variables】，系统会弹出一个"Add Variables Read Files"对话框。在此对话框中输入已存于磁盘上的需要进行横向合并的SPSS数据集"data2-3.sav"。

（2）点击"打开"按钮，弹出如图2-2所示的对话框。

待合并的两个数据集中的所有变量名均显示在"New Active Dataset"框中。SPSS默认这些变量均以原有变量名进入合并后的新数据集中。图2-2 "New Active

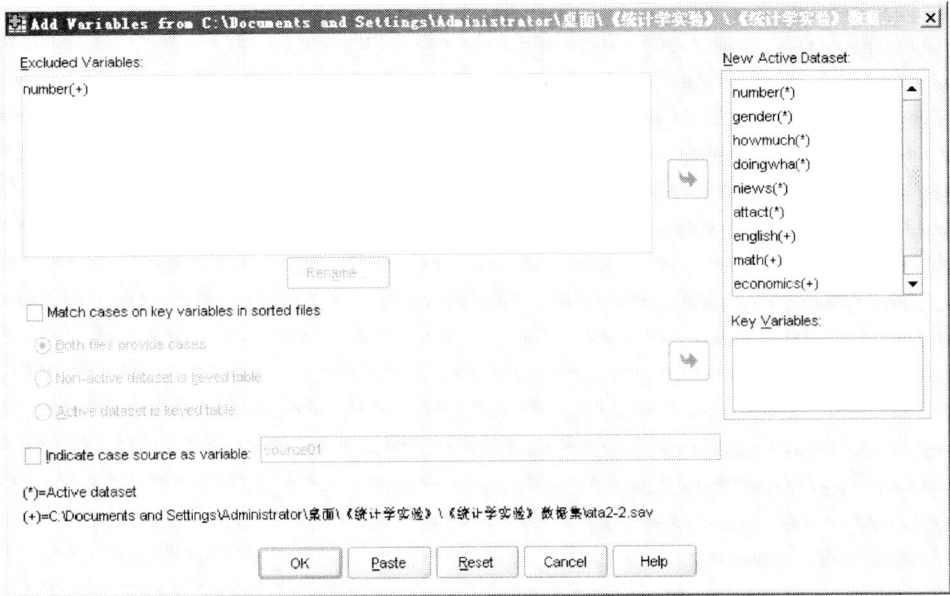

图 2-2　横向合并数据文件对话框

Dataset"框中带"+"号的各个变量是数据集"data2-3.sav"中的原有变量；带
"*"号的各个变量是数据集"data2-1.sav"中的原有变量。变量 number 是两个数据
集中的共有变量，所以它显示在"Excluded Variables"框中。用户还可以在对话框
中任意剔除或加入变量。

（3）点击"OK"，数据编辑窗口会自动显示合并后的数据集，用户可根据实际
需要加以保存，譬如起名为"data2-4"加以保存，参见数据集"data2-4.sav"。数
据集"data2-4.sav"中所包含的合并后的 10 个变量如图 2-3 所示。

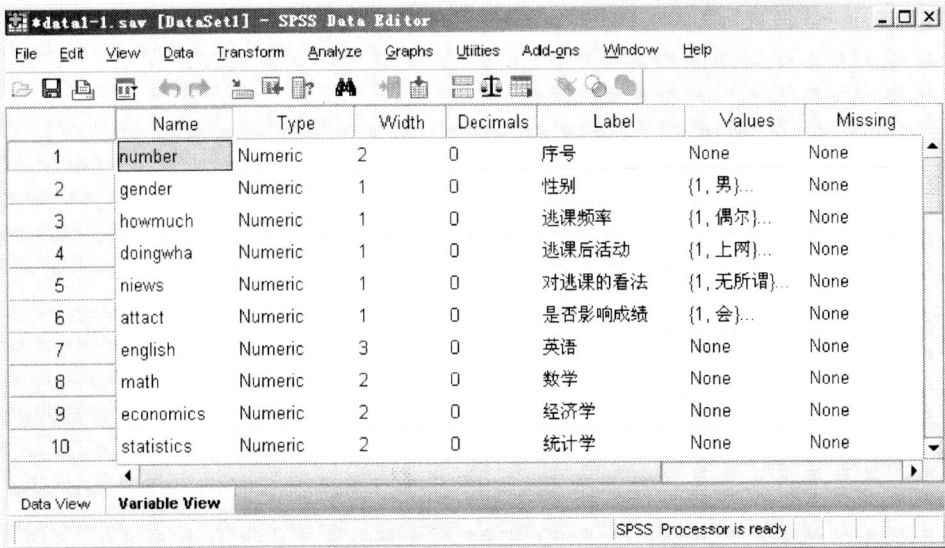

图 2-3　合并后所得新的数据文件中的各个变量

3.排序

合并后所获得的新的数据文件中的120个观测的排列次序是由数据录入时的先后次序决定的。接下来的整理和分析工作一般是就某一个研究者所关心的变量的观测值进行排序。排序有助于研究者浏览数据和了解数据取值的大体范围，使研究者可以快速地发现数据中可能存在的异常值，为进一步明确它们是否对分析产生重要影响提供帮助。譬如，分别就男生和女生按统计学考试成绩升序排序，操作步骤如下：

（1）选择菜单：【Data】→【Sort Cases】，弹出如图2-4所示的"Sort Cases"对话框。

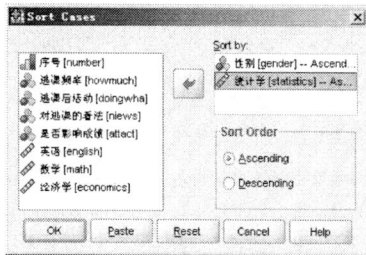

图2-4　观测值排序操作对话框

（2）在此对话框中依次指定排序变量gender和statistics到"Sort by"框中，并选择"Sort Order"框下的升序排序选项"Ascending"。

（3）点击"OK"，数据浏览窗口中的数据便自动按要求重新排列并显示出来。

4.简单计算

分析中，可能会需要计算每位被访者4门课程的平均考试分数。这项工作可以利用SPSS中的简单计算功能来完成，操作步骤如下：

（1）选择菜单：【Transform】→【Compute】，弹出如图2-5所示的对话框。

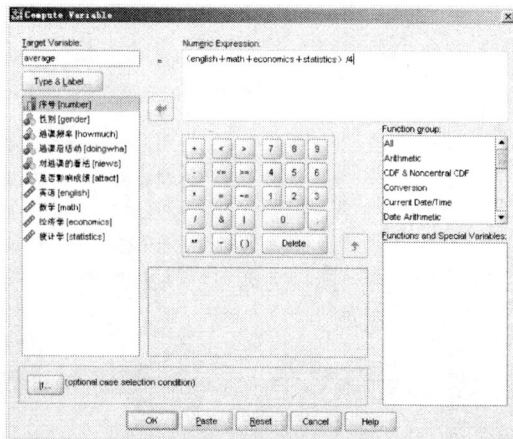

图2-5　变量计算对话框

（2）在"Numeric Expression"框中利用对话框提供的简单计算器给出算术表达式：（english+math+economics+statistics）/4，并在"Target Variable"框中输入将来

存放计算结果的变量名"average"。

（3）点击"OK"，计算结果即可显示在数据浏览界面中。

5.选择观测

分析中，如果需要针对120名被访者中的女生做出专门的统计分析，可以利用SPSS中的观测选择功能来完成，操作步骤如下：

（1）选择菜单：【Data】→【Select Cases】，弹出如图2-6所示的"Select Cases"对话框。

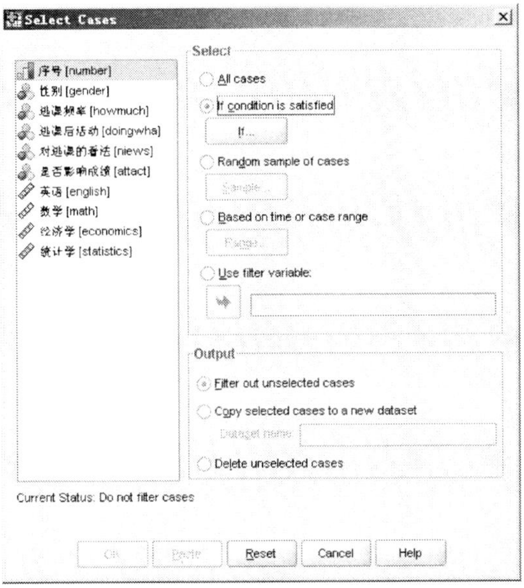

图2-6　选择观测操作对话框

（2）选择"If condition is satisfied"选项，并点击"If"按钮，弹出如图2-7所示的对话框。

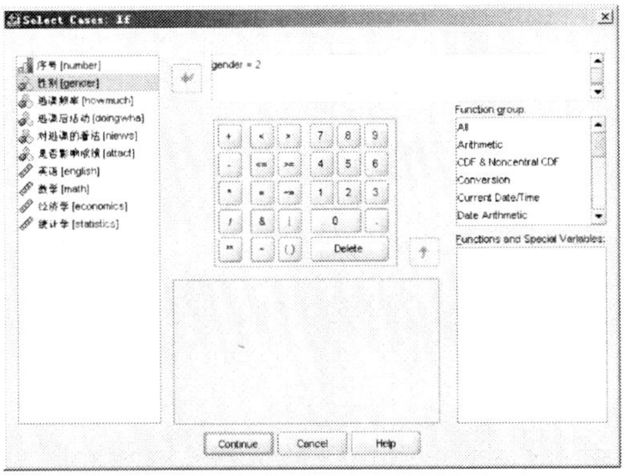

图2-7　设定选择条件对话框

（3）利用对话框中提供的简单计算器给出算术表达式：gender=2。

（4）点击【Continue】→【OK】，系统将自动选定符合条件的所有观测。此后的所有操作将只是针对已选定的观测进行分析和计算。

6.清点观测

欲对4门课程考试成绩在85分以上的被访者做一个清点，可利用SPSS中的清点观测功能来完成，操作步骤如下：

（1）选择菜单：【Transform】→【Count Values Within Cases】，弹出如图2-8所示的对话框。

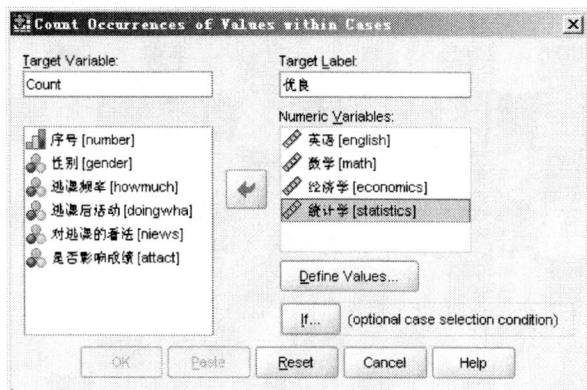

图2-8　清点观测对话框

（2）选择参与清点的变量英语［english］、数学［math］、经济学［economics］、统计学［statistics］进入"Numeric Variables"框内。

（3）在"Target Variable"框中输入一个变量名，譬如"Count"，并在"Target Label"框中输入一个变量标签，譬如"优良"。

（4）点击"Define Values"按钮，弹出如图2-9所示的对话框。

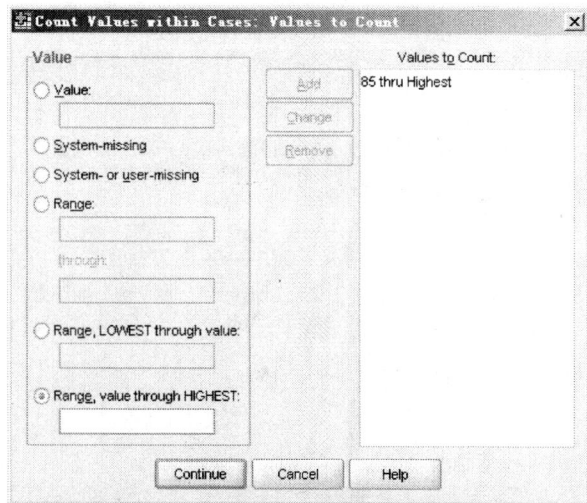

图2-9　清点观测取值定义对话框

（5）在"Range，value through HIGHEST"框内键入"85"，并点击"Add"按钮。

（6）点击【Continue】→【OK】，系统将会根据用户的定义和选择自动完成清点，并将清点结果在数据浏览界面上以一个新变量显示出来。

7.分类汇总

分析中，如果需要就逃课频率不同的被访者的学习成绩进行比较，可利用SPSS的分类汇总功能，分别计算逃课频率不同的被访者各门课程的平均考试分数，操作步骤如下：

（1）选择菜单：【Data】→【Aggregate】，弹出如图2-10所示的对话框。

图2-10 分类汇总对话框

（2）在此对话框中指定分类变量逃课频率［howmuch］进入"Break Variable（s）"框内，指定待汇总的变量英语［english］、数学［math］、经济学［economics］、统计学［statistics］进入"Summaries of Variable（s）"框内。

（3）点击"OK"，SPSS将自动进行分类汇总，并将分类汇总结果在数据浏览界面上以一个新的变量显示出来。如果需要将汇总结果另存为一个SPSS数据文件，可在此之前，选择"Save"框下的"Create a new dataset containing only the aggregated variables"选项，并在"Dataset"框中给定数据文件名，系统会自动将汇总结果以给定数据文件名存为另一个文件。

8.分组

分析中，如果需要将120名被访者按每门课程的考试成绩分为不及格、及格、中、良、优5组，以便于今后针对考试成绩这种数值型变量做频数统计，可利用SPSS中的重新编码功能，进行如下操作：

（1）选择菜单：【Transform】→【Recode into Different Variables】，弹出如图2-11所示的对话框。

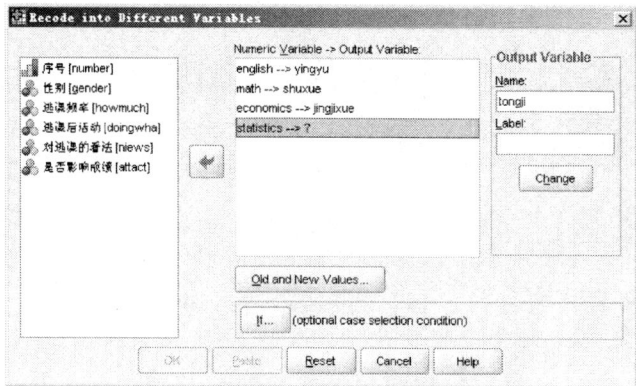

图2-11 对数值型变量重新编码的对话框

（2）分别选择变量英语［english］、数学［math］、经济学［economics］、统计学［statistics］到"Numeric Variable→Output Variable"框中。在"Output Variable"框中的"Name"下，键入存放分组结果的变量名。譬如，变量统计学［statistics］分组后的新变量名可定为"tongji"。如有必要，也可在"Label"下给出相应的变量标签。

（3）点击"Old and New Values"按钮进行分组区间定义。在本数据中可进行如下定义：第1组，不及格，60分以下；第2组，及格，60至70分；第3组，中，70至80分；第4组，良，80至90分；第5组，优，90分以上（如图2-12所示）。

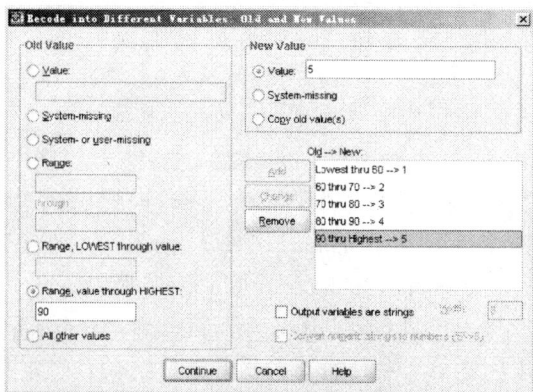

图2-12 分组区间定义对话框

（4）点击【Continue】→【OK】，系统将会依据用户定义和选择自动完成分组，并将分组结果在数据浏览界面上以新的变量显示出来。

9.拆分数据

分析中，如果打算针对逃课后活动的不同情况，分别进行有关的统计分析和计算，则需要事先进行拆分数据的操作，操作步骤如下：

（1）选择菜单：【Data】→【Split File】，弹出如图2-13所示的对话框。

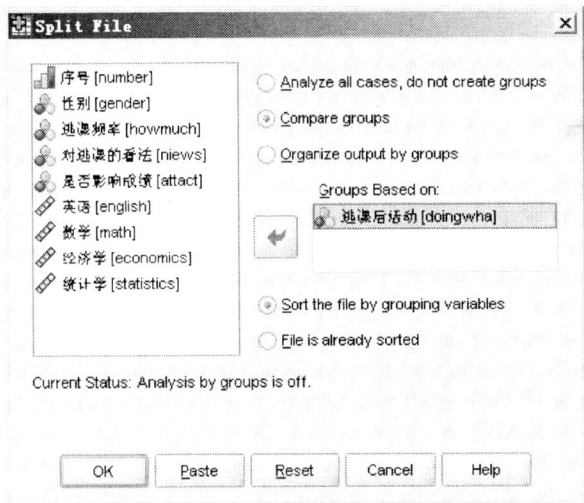

图2-13 拆分数据对话框

（2）选择"Compare groups"选项，并指定拆分变量逃课后活动［doingwha］到"Groups Based on"框中。

（3）点击"OK"，系统将会依据用户定义和选择自动完成数据拆分。数据拆分将对今后的所有分析活动一直起作用，即无论进行哪种统计分析，都将是按拆分变量的不同组分别进行分析和计算。如果希望重新对所有数据进行整体分析，则需要重新执行数据拆分，并在图2-13所示的对话框中选择"Analyze all cases, do not create groups"选项。

【问题思考】

1.财园6人统计调研小组为何要进一步去搜集120名被访者的各门考试成绩？他们可能是采取何种方式、通过何种途径来获得这些数据的？

2.如果有一个关于同样变量的另外一些被访者的数据集，并需要将其与原数据集加以合并，应当如何操作？

3.清点观测的过程中，如果仅仅是针对120名被访者中的男生来清点4门课程考试成绩85分以上者，应当如何操作？

4.分类汇总中，欲汇总逃课频率不同的被访者的每一门课程考试分数的标准差，应当如何操作？

5.拆分数据中，若要对逃课后活动和对逃课的看法两个变量中的不同情况进行双重拆分，应当如何操作？

6.在本实验中，你还应当学会并熟练掌握 Edit、View、Data、Transform 4 个主菜单中其他有关的数据预处理操作。

【实验总结】

结合实验内容和本实验中提供的数据集，自主完成 Edit、View、Data、Transform 4 个主菜单中的所有操作。

实验三　品质型数据的图表描述

统计学家具有处理复杂问题的非凡能力，当科学的探索者在前进的过程中荆棘载途时，唯有统计学可以帮助他们打开一条通道。

——弗朗西斯·高尔顿

　　弗朗西斯·高尔顿（Francis Galton，1822—1911）：英国著名生物学家、统计学家，达尔文的近亲表弟。早年在剑桥大学学医，但医生职业对他并无吸引力。22岁那年他获得一笔可观的遗产，决定弃医。1850—1852年，他与友人远赴非洲进行科学考察，1853年被选为英国皇家地理学会会员。高尔顿研究涉猎范围包括地理、天文、气象、物理、机械、人类学、民族学、社会学、统计学、教育学、医学、生理学、心理学、遗传学、优生学、指纹学、照相术、登山术、音乐、美术、宗教等，是一位百科全书式的学者。主要有《气象测量》《遗传的天才》《自然的遗传》《指纹》等15部著作，220篇学术论文。高尔顿主张"无论何时，能算就算"，对统计学的最大贡献是相关性概念的提出和回归分析方法的建立。高尔顿的生物统计学思想经过他的学生皮尔逊、韦尔登的参与和发挥，在英国形成了一个颇有影响的生物统计学派。1901年，高尔顿、皮尔逊、韦尔登创办《生物统计》杂志，成为生物统计学派的一面旗帜。1909年，弗朗西斯·高尔顿被英国王室授予勋爵称号。

【实验目的】

1. 掌握定类数据和定序数据的图表描述方法。
2. 掌握定类数据和定序数据图表描述的SPSS操作。

【准备知识】

1.频数分布表

整理定类或定序数据时，首先要列出所分的类别，然后计算出每一类别的频数或频率，将各个类别的相应频数或频率全部列出，并用表格形式表现出来，就形成了频数分布表。定类数据不讲求类别间排列的顺序，定序数据则应按变量的取值顺序排列成表。

2.频数分布图

频数分布表中所反映的频数分布状态，通过频数分布图可以更为直观、生动地显示出来，适用于定类或定序数据的频数分布图主要有条形图、帕累托图、饼形图等。

（1）条形图（bar chart）是利用相等宽度的条形的长短来表示数据频数多少或频率高低的图形。条形图可以横排也可以竖排，竖排时将类别的度量放在横轴上，横排时将类别的度量放在纵轴上。条形图还可分为简单条形图、对比条形图等。

（2）帕累托图（Pareto chart）是按照各类别中的观测值出现的频数多少排序后绘制的条形图，图中还可以给出累积频数分布的图形显示。对条形图排序，会使读者更容易看出哪类数据出现的频数最多，哪类数据出现的频数最少。帕累托图在质量控制研究中有广泛应用。

（3）饼形图（pie chart）是以圆的整个面积表示所有观测值整体，以圆内各扇形面积表示各类别比重的频数分布图。

【实验内容】

随着证券市场的发展，基金理财目前已成为一种非常普遍的投资方式。统计数据显示，目前基金持有人账户总数已超过1.1亿户，估计约有1/4的城镇居民家庭参与了基金投资。投资者面对数百只基金，如何选择基金公司、投资何种类型的基金，需要在对基金做出全面了解的基础上进行决策。这里我们搜集到晨星开放式基金20××年业绩评级资料，供读者分析使用。

此数据以20××年12月28日最后一个交易日为截止日期，反映了317只开放式基金的综合数据。资料中包含24个变量，变量名从V1到V24，其中：V1、V2、V3

分别代表基金代码、基金名称和基金公司；V4代表基金净值；V5和V6是晨星公司对基金两年和三年的表现所作的评级，评级标准为1～5个星，由于许多基金成立不足两年，所以两年和三年评级中缺失值众多；V7代表今年总回报率；V8代表今年排名，反映不同投资类型的基金排名；V9、V10、V11、V12、V13分别代表最近一周、最近一月、最近三月、最近六月和最近一年的总回报率，反映不同时间段的各家基金的经营状况；V14代表去年排名；V15代表最近两年年回报率；V16是最近两年各基金排名，由于新成立的基金有的不足两年，因此其排名的缺失值也很多；V17代表最近三年年回报率；V18代表基金设立以来的总回报率；V19代表最近两年的波动幅度；V20代表最近两年风险评价；V21代表最近两年晨星风险系数；V22代表最近两年晨星风险评价；V23代表最近两年夏普比率；V24代表各家基金的投资类型（参见数据集"data3-1.sav"）。

24个变量中，V24是我们比较关心的一个定类变量，V5、V6为比较典型的两个定序变量。请针对这些变量的数据，制作频数分布表和频数分布图。

【实验步骤】

1.V24的频数分布表与频数分布条形图

（1）打开数据集，选择菜单：【Analyze】→【Descriptive Statistics】→【Frequencies】，弹出如图3-1所示的"Frequencies"对话框。

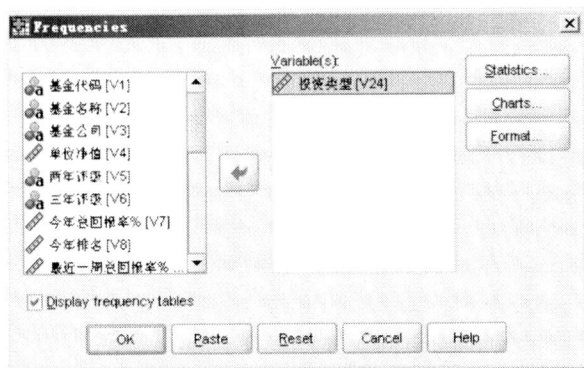

图3-1　"Frequencies"对话框

（2）选择变量投资类型［V24］进入"Variable（s）"框内。选中"Display frequency tables"复选项。

（3）点击"Charts"按钮，弹出如图3-2所示的"Frequencies：Charts"对话框。在此对话框中选择"Chart Type"框下的"Bar charts"选项。选择"Chart Values"框下的"Frequencies"选项。

图3-2　"Frequencies：Charts"对话框

（4）点击【Continue】→【OK】，系统输出结果如图3-3所示。

投资类型

		Frequency	Percent	Valid Percent	Cumulative Percent
Valid	股票型	172	54.3	54.3	54.3
	积极配置型	52	16.4	16.4	70.7
	保守配置型	8	2.5	2.5	73.2
	普通债券型	27	8.5	8.5	81.7
	短债型	3	0.9	0.9	82.6
	货币市场型	4	1.3	1.3	83.9
	保本型	51	16.1	16.1	100.0
	Total	317	100.0	100.0	

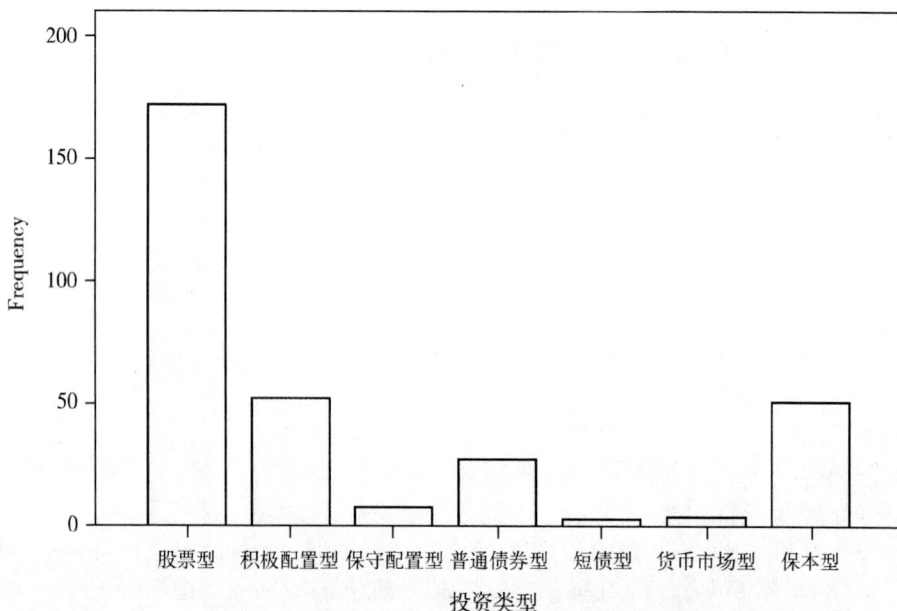

图3-3　投资类型频数分布表与频数分布条形图

2.V5的频数分布饼形图

（1）选择菜单：【Graphs】→【Pie】，弹出如图3-4所示的"Pie Charts"对话框。在此框中选择"Summaries for groups of cases"选项。

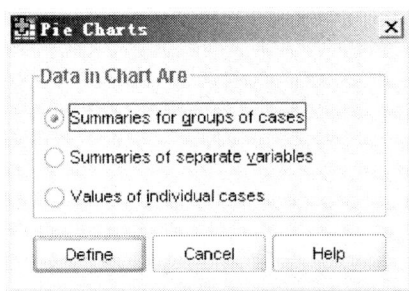

图3-4　"Pie Charts"对话框

（2）点击"Define"按钮，弹出如图3-5所示的"Define Pie：Summaries for Groups of Cases"对话框。选择变量两年评级［V5］进入"Define Slices by"框内；选择"Slices Represent"框下的"N of cases"选项。

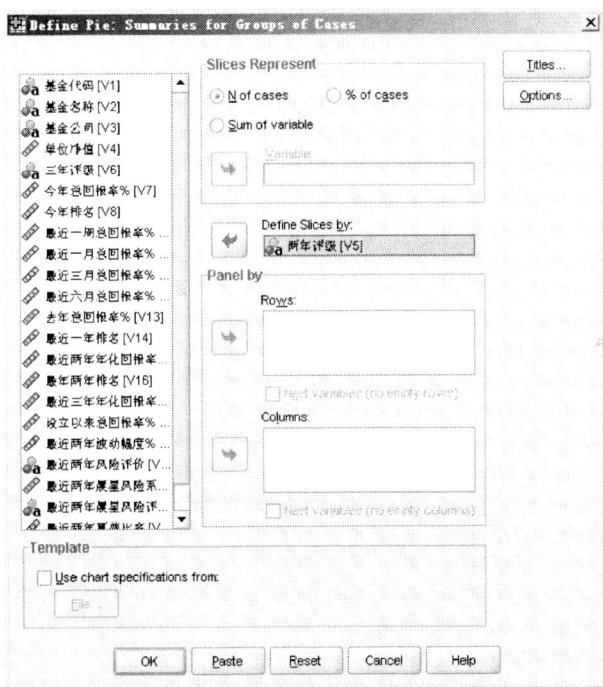

图3-5　"Define Pie：Summaries for Groups of Cases"对话框

（3）点击"OK"，系统输出饼形图如图3-6所示。

3.V5的频数分布帕累托图[①]

（1）选择菜单：【Graphs】→【Pareto】，弹出如图3-7所示的"Pareto Charts"对话框。

---

① SPSS 16.0版本不直接提供帕累托图，以下为SPSS 13.0版本所提供的帕累托图。

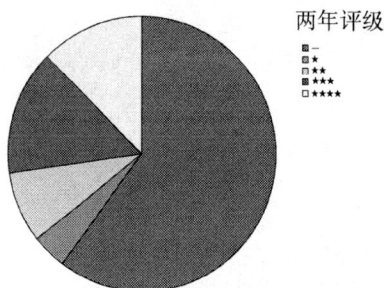

图3-6   V5频数分布饼形图

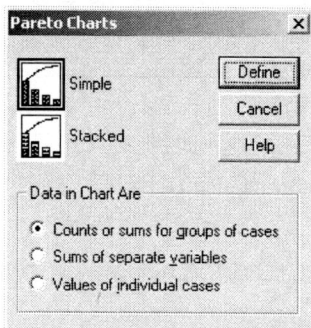

图3-7   "Pareto Charts"对话框

（2）在此框中选择系统的默认选项，然后点击"Define"按钮，弹出如图3-8所示的"Define Simple Pareto：Counts or Sums for Groups of Cases"对话框。在此框中选择变量两年评级［V5］进入"Category Axis"框内；选择"Bars Represent"框下的"Counts"选项；选中"Display cumulative line"复选项。

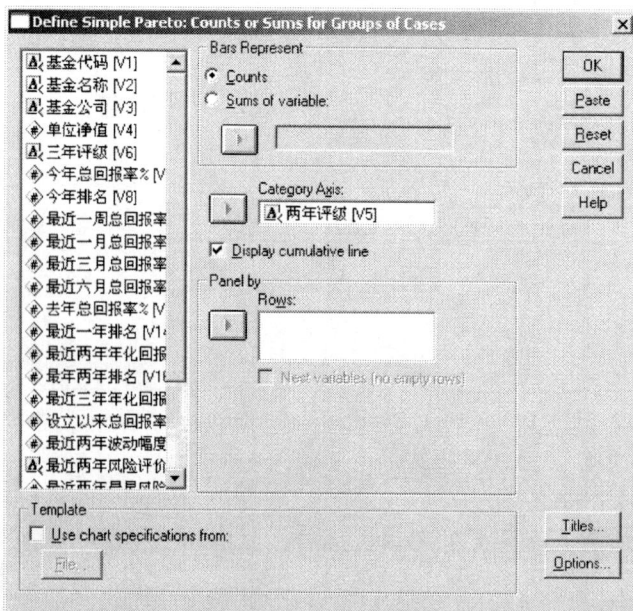

图3-8   "Define Simple Pareto：Counts or Sums for Groups of Cases"对话框

（3）点击"OK"，系统输出结果如图3-9所示。

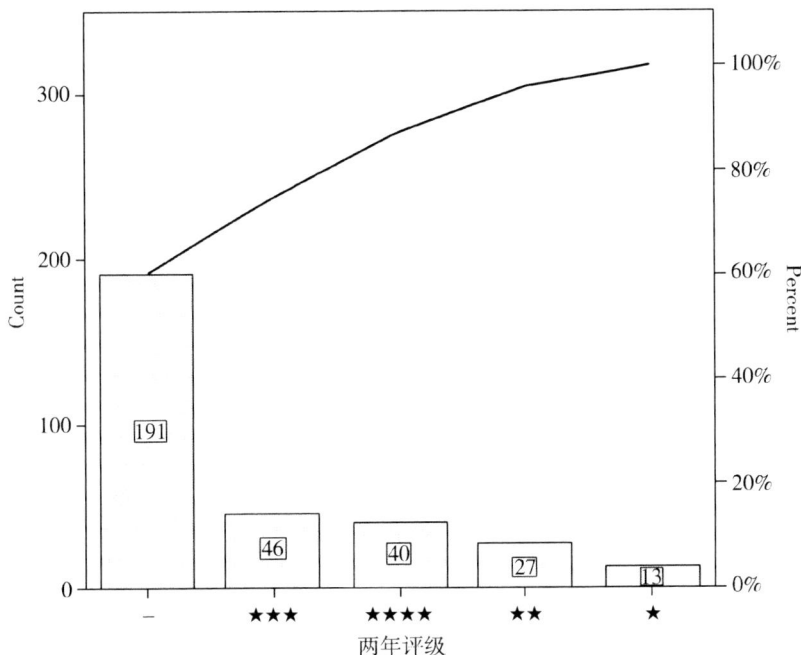

图3-9　V5的帕累托图

【问题思考】

1. 定类数据与定序数据的频数分布表有何不同？

2. 取频数与取频率所做的条形图或饼形图在形状上有何不同？

3. 饼形图中的各个扇形的面积宜代表频数还是频率？

4. 数据中如果类别过多，宜做条形图还是饼形图？

5. 条形图、饼形图和帕累托图都适用于定类和定序数据的图示，上述步骤只给出了数据中部分变量频数分布图表的操作过程。你还对哪些变量的频数分布状况感兴趣？试制作它们的频数分布图表。

6. 欲制作不同投资类型下的V5或V6的频数分布图表，应如何操作？

7. 数据集中的大量数据可为我们选择具体的基金管理公司提供什么帮助？

【实验总结】

　　观察上述实验步骤中的输出结果，发现问题，思考原因，撰写一份数据分析报告。

实验四　数值型数据的图表描述

搜集和分析数据的目的是为解决特定的问题，因此必须做出一定的结论，以为采取某种行动提供依据和建议。

——陈希孺

【实验目的】

1.掌握数值型数据的图表描述方法。

2.掌握数值型数据图表描述的SPSS操作。

【准备知识】

1.数值型数据的频数分布表

数值型数据的频数分布表与品质型数据的频数分布表的制作原理相同，但由于数值型数据多为连续取值且取值的个数往往很多，所以一般不适宜制作以单个变量值为一组的单项频数分布表，而是通常以两个变量值代表一定的取值区间为一组制作组距式频数分布表，以显示数据整体的频数分布特征。

2.数值型数据的频数分布图

适用于数值型数据的频数分布图主要有茎叶图、盒形图、直方图。

①茎叶图（stem and leaf）一般适用于数据规模比较小且取值区间比较大的数值型数据的频数分布显示。每个观测值被分为高位数字和尾位数字两部分。制作图形时以高位数字为茎，尾位数字为叶，组距式地显示频数分布状态。

②盒形图（box plots）一般适用于数据规模比较大的数值型数据的频数分布显

示。取上、下四分位数之间的占整个数据50%的观测值来集中显示数据的频数分布状况。上、下四分位差越小，盒形图越窄，表明数据分布集中程度越高；反之，表明集中程度越低。

③直方图（histogram）一般也适用于数据规模比较大的数值型数据的频数分布显示，而且比盒形图来得直观。图形由若干个直方组成。通常每条直方的宽度代表各组的取值区间，高度代表各组的频数或频率。

【实验内容】

大学生在校期间的各门课程考试成绩，尽管在整体上会表现出具有某种固定类型的频数分布特征，而且这些特征在教学管理工作中是非常重要的参考依据，但学生与学生之间学习成绩的差异是客观存在的。数据分析人员一方面要善于运用描述手段准确刻画数据整体的频数分布特征；另一方面，更重要的是要善于比较和分析学生之间学习成绩的差异性。

现有金融学院与统计学院共600名男女学生的统计学和经济学期末考试成绩数据，储存在SPSS数据文件中（参见数据集"data4-1.sav"）。此数据集共有5个变量，其中：变量xu（学院）、xb（性别）为定类变量；tj（统计学成绩）、jj（经济学成绩）为数值型变量。试对此数据展开尽可能全面而深入的图表描述。

【实验步骤】

1.tj的频数分布茎叶图

（1）打开数据集"data4-1.sav"，选择菜单：【Analyze】→【Descriptive Statistics】→【Explore】，弹出如图4-1所示的"Explore"对话框。选择统计学成绩［tj］进入"Dependent List"框内；选择"Display"框内的"Plots"选项。

（2）点击"Plots"按钮，弹出如图4-2所示的"Explore: Plots"对话框。在此对话框中选择"Descriptive"框下的"Stem-and-leaf"选项。

（3）点击【Continue】→【OK】，系统输出结果如图4-3所示。

2.jj的频数分布盒形图

（1）选择菜单：【Graphs】→【Boxplot】，弹出如图4-4所示的"Boxplot"对话框。在此对话框中选择"Data in Chart Are"框下的"Summaries of separate variables"选项。

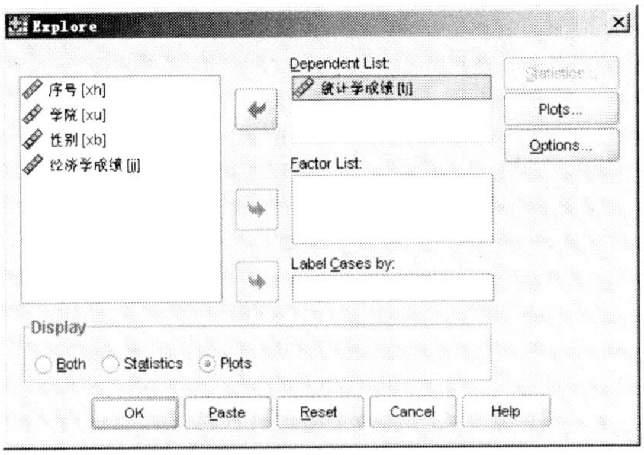

图4-1 "Explore"对话框

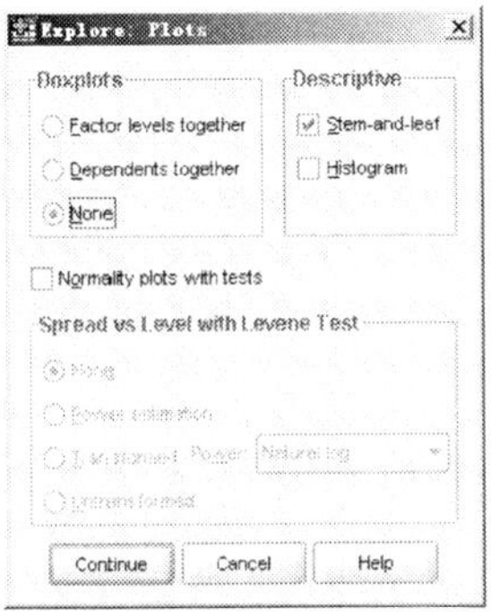

图4-2 "Explore：Plots"对话框

统计学成绩 Stem-and-Leaf Plot

Frequency Stem & Leaf

```
 1.00 Extremes    (=<59)
 1.00  6 .0
 9.00  6 .223333333
11.00  6 .44455555555
14.00  6 .66666777777777
21.00  6 .888888889999999999999
31.00  7 .0000000000000000011111111111111
37.00  7 .2222222222222222222222333333333333333
40.00  7 .4444444444444444444455555555555555555555
58.00  7 .666666666666666666666666666677777777777777777777777777777777
54.00  7 .888888888888888888888888888999999999999999999999999
60.00  8 .000000000000000000000000000000000011111111111111111111111111
66.00  8 .2222222222222222222222222222222222233333333333333333333333333333333
52.00  8 .4444444444444444444444455555555555555555555555555
51.00  8 .666666666666666666677777777777777777777777777777
34.00  8 .8888888888888999999999999999999999
27.00  9 .000000001111111111111111111
20.00  9 .22222222233333333333
 8.00  9 .44455555
 4.00  9 .6677
 1.00  9 .9
```

Stem width: 10
Each leaf: 1 case(s)

图4-3 tj的频数分布茎叶图

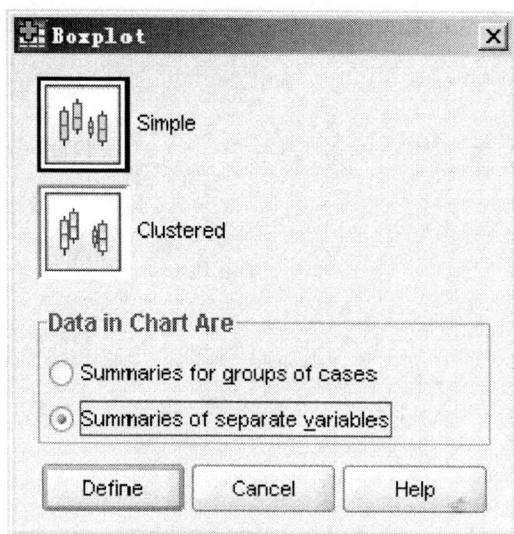

图4-4 "Boxplot"对话框

（2）点击"Define"按钮，系统弹出如图4-5所示的对话框。在此对话框中选择经济学成绩［jj］进入"Boxes Represent"框内。

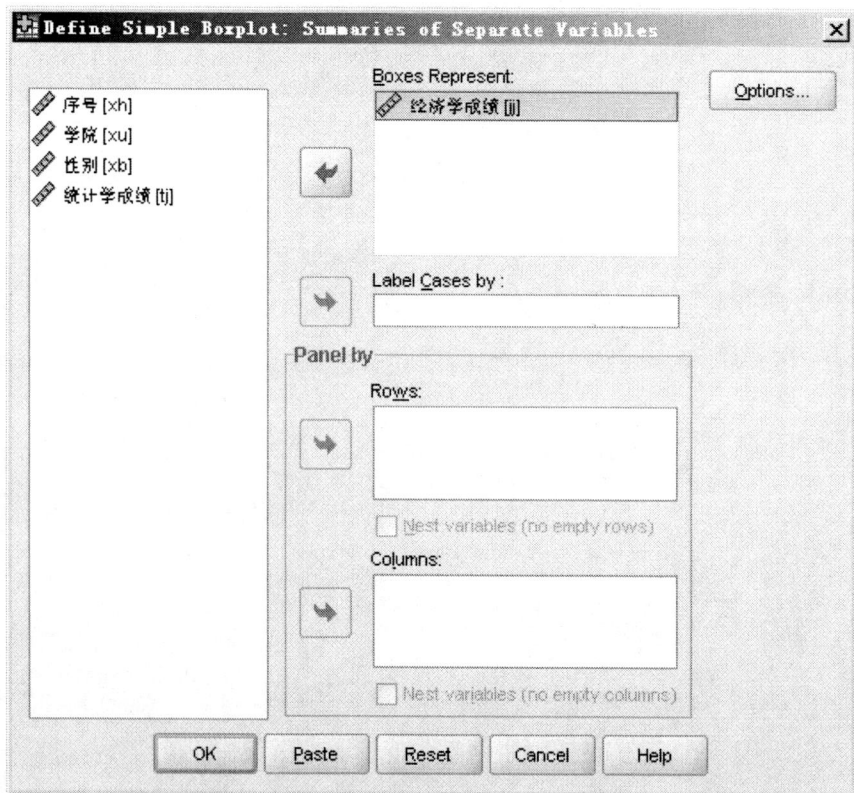

图4-5 "Define Simple Boxplot：Summaries of Separate Variables"对话框

（3）点击"OK"，系统输出结果如图4-6所示。

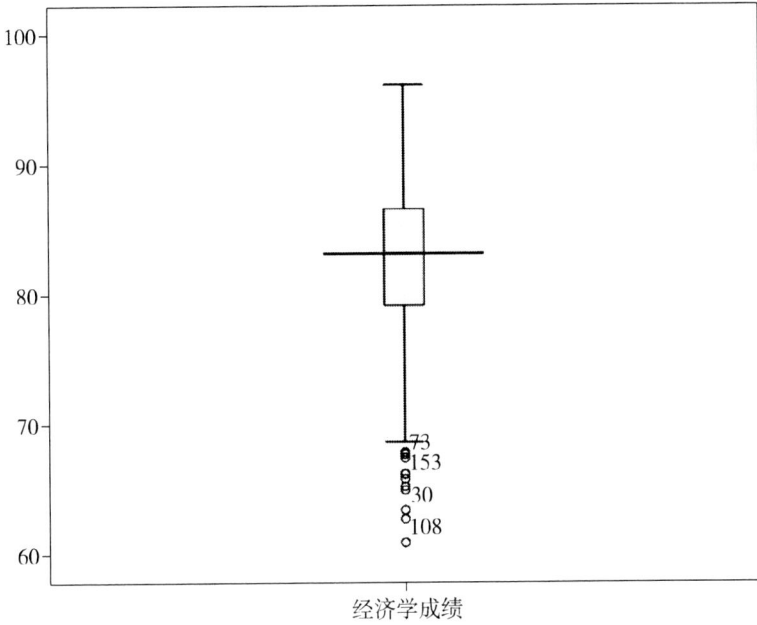

图4-6　经济学成绩的频数分布盒形图

3.jj的频数分布直方图

（1）选择菜单：【Graphs】→【Histogram】，弹出如图4-7所示的"Histogram"对话框。在此框中选择变量经济学成绩［jj］进入"Variable"对话框。

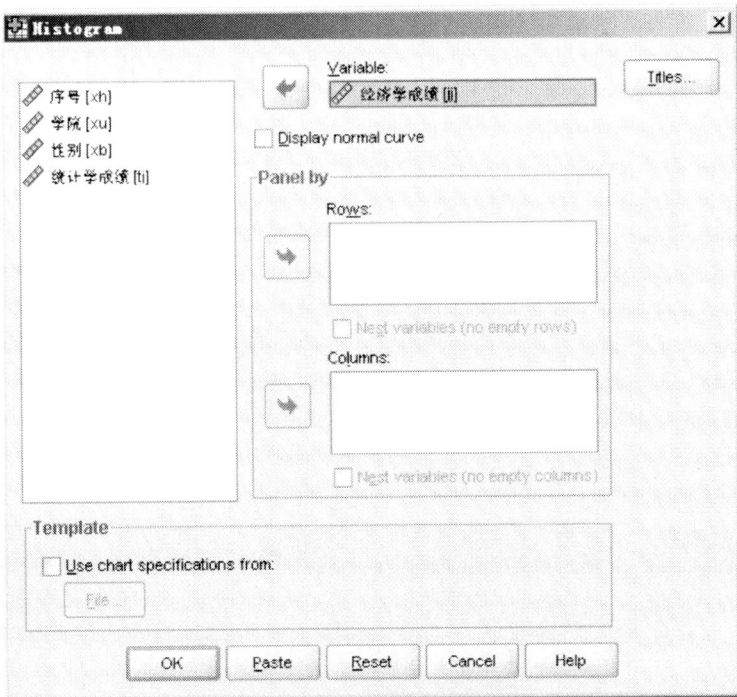

图4-7　"Histogram"对话框

（2）点击"OK"，系统输出结果如图4-8所示。

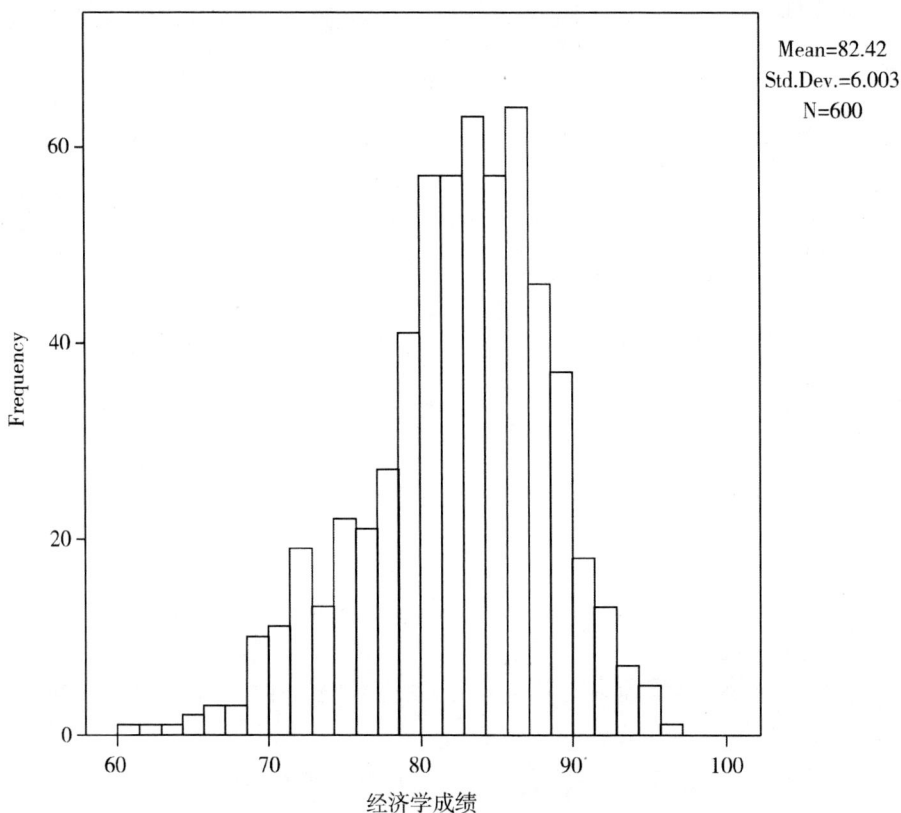

图4-8　经济学成绩的频数分布直方图

【问题思考】

1.直方图与条形图有何区别？

2.欲同时输出若干个变量的频数分布盒形图，以便于比较分析，应当如何操作？

3.欲比较不同学院在同一个变量上的频数分布直方图，应当如何操作？

4.欲制作统计学成绩与经济学成绩两变量的组距式频数分布表，应当如何操作？

5.由此数据集中的数据我们可以认识到两个学院以及男女生之间的学习成绩有哪些区别。

【实验总结】

就数据集中你感兴趣的变量做出图表描述，并就SPSS输出结果做出尽可能详尽的评述。

实验五　统计量描述

很难理解为什么统计学家通常限制自己的调查于平均数，而不着迷于更广泛的考虑。对于变化的魅力，他们的灵魂看来如同平坦的英格兰国家之一的当地人一样迟钝，那些当地人关于瑞士的回顾是，如果可以将它的山脉扔进它的湖泊，那么两种讨厌的东西将立即去除。

——弗朗西斯·高尔顿

【实验目的】

1.熟悉描述性统计量的类型划分及作用。
2.准确理解各种描述性统计量的构造原理。
3.熟练掌握计算描述性统计量的SPSS操作。
4.培养运用描述统计方法解决身边实际问题的能力。

【准备知识】

1.描述集中趋势的统计量

（1）众数。众数是样本数据中出现次数最多的观测值，用M_0表示。

（2）中位数。中位数是观测值按大小排序后，处于中间位置上的观测值，用M_e表示。其计算公式为：

$$M_e = \begin{cases} x_{\frac{(n+1)}{2}} & (n\text{为奇数}) \\ \frac{1}{2}\left(x_{\frac{n}{2}} + x_{\frac{n}{2}+1}\right) & (n\text{为偶数}) \end{cases}$$

（3）均值。均值就是我们通常所说的算术平均数，用 $\bar{x}$ 表示。其计算公式为：

$$\bar{x} = \frac{x_1 + x_2 + \cdots + x_i + \cdots + x_n}{n} = \frac{\sum\limits_{i=1}^{n} x_i}{n}$$

（4）四分位数。通过三个点将全部观测值四等分，其中每部分包含 1/4 个观测值，处在分位点上的观测值称为四分位数。四分位数共有 3 个，但我们通常所说的四分位数是指第 1 个四分位数（下四分位数）和第 3 个四分位数（上四分位数）。下四分位数用 Q_L 表示，上四分位数用 Q_U 表示。其计算公式为：

$$Q_L = x_{\frac{(n+1)}{4}} \qquad\qquad Q_U = x_{\frac{3 \times (n+1)}{4}}$$

2．描述离散趋势的统计量

（1）极差。极差也称全距，它是样本数据中最大观测值与最小观测值之差，用 R 表示。其计算公式为：

$$R = x_{max} - x_{min}$$

（2）标准差。标准差是所有观测值与其均值离差平方均值的平方根，也称均方差，用 s 表示。其计算公式为：

$$s = \sqrt{\frac{\sum\limits_{i=1}^{n}(x_i - \bar{x})^2}{n-1}}$$

（3）方差。方差是所有观测值与其均值离差平方的均值，用 s^2 表示。其计算公式为：

$$s^2 = \frac{\sum\limits_{i=1}^{n}(x_i - \bar{x})^2}{n-1}$$

（4）四分位差。四分位差是上四分位数与下四分位数之差，也称为内距或四分间距，用 Q_d 表示。其计算公式为：

$$Q_d = Q_U - Q_L$$

3．描述分布形态的统计量

（1）偏度。数据分布的不对称性称为偏度，它是反映数据分布偏斜程度的统计量，用 SK 表示。其计算公式为：

$$SK = \frac{n\sum\limits_{i=1}^{n}(x_i - \bar{x})^3}{(n-1)(n-2)s^3}$$

（2）峰度。峰度是指数据分布的平峰或尖峰程度，用 KU 表示。其计算公式为：

$$KU = \frac{n(n+1)\sum\limits_{i=1}^{n}(x_i - \bar{x})^4 - 3\left[\sum\limits_{i=1}^{n}(x_i - \bar{x})^2\right]^2(n-1)}{(n-1)(n-2)(n-3)s^4}$$

【实验内容】

绝大多数课程的期末考试成绩呈比较对称的钟形分布，但这也不是绝对的规律。"证券市场模拟实战"是一门深受学生喜爱的选修课程，课程性质有其特殊性。那么其期末考试成绩是否也有其分布规律的特殊性呢？这里有一份该课程5个班级263名学生的期末考试成绩数据。请运用统计量描述手段并与图表描述相结合对此数据做一个分析（参见数据集"data5-1.sav"）。

此数据集包含number（序号）、class（班级）、pscj（平时成绩）、qmcj（期末成绩）、zcj（总成绩）5个变量的263个观测。

【实验步骤】

1.263名学生成绩整体的统计量描述

（1）打开数据集"data5-1.sav"，选择菜单：【Analyze】→【Descriptive Statistics】→【Descriptives】，弹出如图5-1所示的"Descriptives"对话框。在此对话框中选择平时成绩［pscj］、期末成绩［qmcj］、总成绩［zcj］进入"Variable（s）"框内。

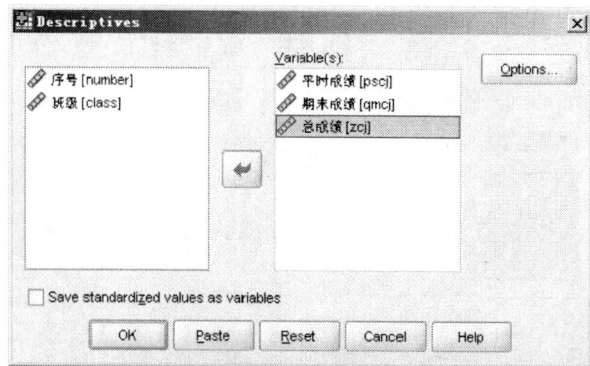

图5-1　"Descriptives"对话框

（2）点击"Options"按钮，弹出如图5-2所示的"Descriptives：Options"对话框。在此对话框中选择"Mean""Std.deviation""Minimum""Maximum""Kurtosis""Skewness"等统计量选项。

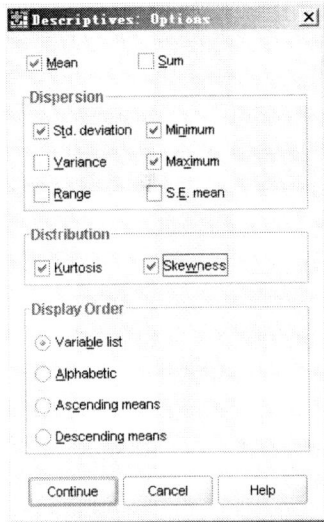

图 5-2　"Descriptives：Options" 对话框

（3）点击【Continue】→【OK】，系统输出结果如图 5-3 所示。

Descriptive Statistics

	Minimum	Maximum	Mean	Std.	Skewnes	Kurtosis
	Statistic	Statistic	Statistic	Statistic	Statistic	Statistic
平时成绩	70	100	95.11	7.962	−1.672	2.120
期末成绩	61	98	82.98	9.252	−.487	−.529
总成绩	64	99	86.62	7.259	−.683	.024

图 5-3　263 名学生成绩整体的统计量描述

2.各班级学生成绩的统计量描述

（1）选择菜单：【Data】→【Split File】，弹出如图 5-4 所示的 "Split File" 对话框。在此对话框中选择 "Compare groups" 选项，并选择变量班级［class］进入 "Groups Based on" 框内。点击 "OK"，系统将自动按班级把数据集拆分为 5 组。

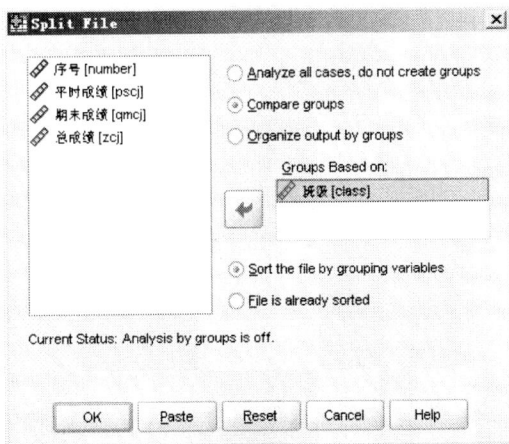

图 5-4　"Split File" 对话框

（2）选择菜单：【Analyze】→【Descriptive Statistics】→【Descriptives】，弹出如图 5-1 所示的"Descriptives"对话框。在此对话框中选择平时成绩［pscj］、期末成绩［qmcj］、总成绩［zcj］进入"Variable（s）"框内。点击"Options"按钮并选出描述性统计量的有关选项。

（3）点击【Continue】→【OK】，系统输出结果如图 5-5 所示。

Descriptive Statistics

班级		Minimum	Maximum	Mean	Std.	Skewnes	Kurtosis
		Statistic	Statistic	Statistic	Statistic	Statistic	Statistic
金融	平时成绩	70	100	93.85	8.148	−1.145	.530
	期末成绩	62	98	88.18	8.463	−1.130	1.077
	总成绩	70	99	89.88	6.201	−.911	.891
统计	平时成绩	90	100	97.44	4.287	−1.189	−.538
	期末成绩	67	97	84.09	8.321	−.291	−.813
	总成绩	77	98	88.09	6.235	−.247	−1.019
国贸	平时成绩	70	100	97.50	6.147	−2.950	9.625
	期末成绩	66	97	79.73	9.527	.211	−1.248
	总成绩	68	98	85.06	7.423	−.177	−.729
财税	平时成绩	70	100	93.59	9.315	−1.212	.291
	期末成绩	62	95	81.79	8.751	−.583	−.097
	总成绩	67	97	85.33	7.896	−.766	−.052
工商	平时成绩	70	100	93.51	9.378	−1.446	1.187
	期末成绩	61	94	81.87	9.088	−1.022	.377
	总成绩	64	95	85.36	7.265	−1.053	.627

图 5-5 各班级学生成绩的统计量描述

【问题思考】

1. SPSS 中还可以通过哪些途径计算有关的描述性统计量？

2. 试对此数据集进行图表描述，并结合本实验中的输出结果评述此课程考试成绩的频数分布特征。

【实验总结】

　　就本实验中所提供的数据集进行图表描述和统计量描述，系统整理SPSS输出结果，撰写一份分析报告。

实验六 单样本 t 检验

用什么标准来判断一项显著性检验的应用是正确还是不正确呢?

——耶日·尼曼

耶日·尼曼（Jerzy Neyman，1894—1981），波兰著名统计学家。1894 年出生在俄国莫达维亚的本德雷。祖父是波兰贵族，同时也是革命家，在对抗俄国的波兰起义中被烧死于屋内。尼曼在波兰大学的博士论文是探讨在农业实验上的概率问题。在 1938 年移民到美国之前，他在波兰从事教职，也曾到法国和英国做学术访问。1928—1933 年，他与 E.皮尔逊（Egon Pearson）共同研究，奠定了假设检验理论的稳固基础，提出了尼曼–皮尔逊引理，提供了早期方法论所缺乏的逻辑基础和数学的严密性。他还创立了区间估计理论。1934 年尼曼创立了统计学中的抽样理论。他是现代统计学的创始人之一，曾荣获英国皇家统计协会盖伊金质奖章，并在 1968 年获得美国科学奖。

【实验目的】

1. 准确掌握单样本 t 检验的方法原理。
2. 熟练掌握单样本 t 检验的 SPSS 操作。
3. 学会利用单样本 t 检验方法解决身边的实际问题。

【准备知识】

1.单样本 t 检验的基本概念

假设检验是在抽样分布原理和小概率原理基础上，以样本统计量的值来推断总体参数的一种统计推断方法。单样本 t 检验则是利用来自某一个正态总体的样本数据，来推断该总体的均值是否与指定的检验值之间存在显著差异。

2.单样本 t 检验的基本步骤

（1）提出原假设。单样本 t 检验的原假设为总体均值与指定检验值之间不存在显著差异，即 H_0：$\mu=\mu_0$，式中：μ 为总体均值，μ_0 为检验值。

（2）确定检验统计量。单样本 t 检验中的检验统计量为：$t=\dfrac{\bar{x}-\mu_0}{\sqrt{s^2/n}}$，式中：$s^2$ 为样本方差，$\bar{x}$ 为样本均值，n 为样本容量。

（3）统计决策。SPSS 中单样本 t 检验的决策规则是比较 P 值。在给定显著性水平 α 的前提下，较小的 P 值是拒绝原假设的证据。

【实验内容】

为全面了解大连市市内四区常住人口的住房现状和需求情况，在大连市政府统一组织以及市国土资源和房屋局牵头协调下，国家统计局大连调查队从 4 月份至 9 月初，历时 5 个月完成了大连市市内四区居民住房状况及需求的调查工作并获取了相关问题的第一手数据资料。

该数据资料包含行政区域（QY）、住用状态（ZYZT）、家庭人口数（RKS）、现住房的建筑面积（JZMJ）4 个变量的 6 952 个观测值。其中，行政区域（QY）与住用状态（ZYZT）为定类变量（参见数据集"data6-1.sav"）。

试根据此调查数据，判断大连市市内四区家庭的现住房面积是否已达到人均 30 平方米的建设目标，如果没有达到目标，计算距离目标还有多大差距。

【实验步骤】

1.数据加工

为判断大连市市内四区家庭的人均住房面积是否达到30平方米的建设目标，首先需要在原数据的基础上计算出被调查家庭的人均住房面积，这项工作可通过SPSS的"Compute"菜单实现。其具体操作步骤如下：

（1）打开数据集"data6-1.sav"，选择菜单：【Transform】→【Compute】，弹出如图6-1所示的"Compute Variable"对话框。

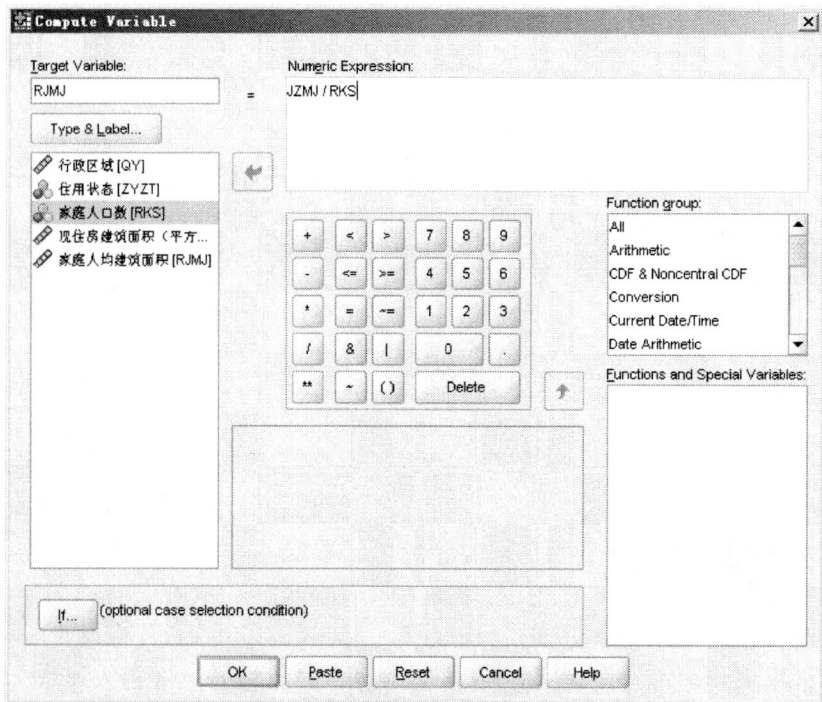

图6-1　"Compute Variable"对话框

（2）在此对话框中构造"家庭人均建筑面积"新变量，取变量名为RJMJ。

（3）点击"OK"，系统按上述操作自动完成加工计算，并在数据浏览界面中显示计算结果。

2.选择检验方法

由于该问题涉及的是单一样本，且需要进行总体均值的检验，家庭人均住房面积的总体可以近似认为服从正态分布，因此可采用单样本t检验进行推断。其具体操作步骤如下：

（1）选择菜单：【Analyze】→【Compare Means】→【One-Sample T Test】，弹出如图6-2所示的"One-Sample T Test"对话框。

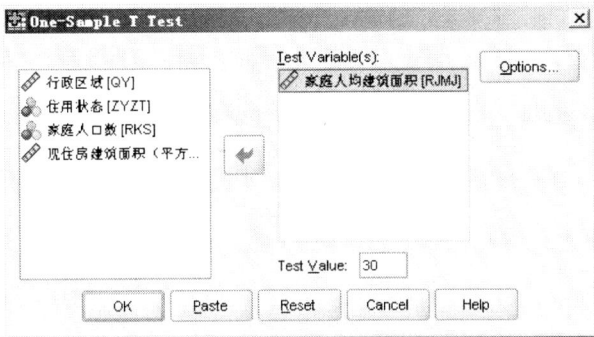

图6-2 "One-Sample T Test"对话框

（2）在此对话框中选择待检验的变量家庭人均建筑面积［RJMJ］进入"Test Variable（s）"框中，并在"Test Value"框中输入检验值"30"。

（3）单击"Options"按钮，打开如图6-3所示的"One-Sample T Test：Options"对话框。在"Confidence Interval"框中输入置信区间，系统默认为95%，本实验中选择系统默认值。

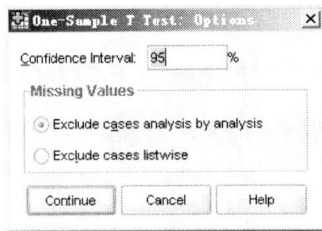

图6-3 "One-Sample T Test：Options"对话框

（4）点击【Continue】→【OK】，系统输出t统计量的值及对应的P值（如图6-4所示）。

One-Sample Test

	Test Value=30				
	t	Sig.（2-tailed）	Mean Difference	95% Confidence Interval of the Difference	
				Lower	Upper
家庭人均建筑面积	1.866	.062	.54896	−.0277	1.1256

图6-4 单样本t检验输出结果

3.分析输出结果

根据上述操作中所得到的输出结果，结合事先给定的显著性水平α的大小，即可对大连市市内四区家庭的现住房面积是否已达到人均30平方米的建设目标做出统计推断。

【问题思考】

1.既然样本均值与待检验总体均值之间存在差异，为什么不直接判断二者不相等，而是需要进行差异的显著性检验呢？

2.问题中的假设应为"人均建筑面积<30㎡"，这是一个左侧检验，但SPSS的One-Sample T Test过程输出的是双侧P值，决策时应注意什么问题？

3.本实验中，变量住用状态（ZYZT）共有自有产权居住、自有使用权居住和租住或借住3种状态，如果仅就处于自有产权居住和自有使用权居住状态的居民的人均住房面积进行有关推断，如何实现计算及检验过程？

【实验总结】

结合实验内容重复上述操作步骤，观察、整理、分析输出结果，得出分析结论。

实验七　两个独立样本t检验

抽样样本比判断样本更好。

——普拉桑塔·钱德拉·马哈拉诺比斯

普拉桑塔·钱德拉·马哈拉诺比斯（Prasanta Chandra Mahalanobis，1893—1972）：印度著名统计学家。马哈拉诺比斯出生在印度的加尔各答，起初在加尔各答研究物理学，1915年到剑桥大学担任资深研究学者，后来回到印度加尔各答总统学院任教。他从人体测量学中导出 D^2 统计量，在实验设计、抽样理论等方面取得了突出的研究成果，在农产量抽样调查方面做出了重要贡献。他于1931年创办了印度统计学会，担任印度统计研究院院长，1945年成为英国皇家学会会员，曾获得印度最高荣誉 Padama Vibhushan 奖。1957年，他曾访问中国，受到了周恩来总理的接见。

【实验目的】

1.准确掌握两个独立样本t检验的方法原理。

2.熟练掌握两个独立样本t检验的SPSS操作。

3.学会利用两个独立样本t检验方法解决身边的实际问题。

【准备知识】

1.两个独立样本 t 检验的基本概念

两个独立样本 t 检验是利用来自两个正态总体的两个独立样本的数据，来推断两个总体的均值是否存在显著差异的一种统计推断方法。

2.两个独立样本 t 检验的基本步骤

（1）提出原假设。两个独立样本 t 检验的原假设为两总体均值无显著性差异，即 $H_0 : \mu_1 - \mu_2 = 0$，式中：μ_1、μ_2 分别为第一个和第二个总体的均值。

（2）选择检验统计量。

①当两总体方差相等时，两个独立样本 t 检验的统计量为：

$$t = \frac{|\bar{x}_1 - \bar{x}_2|}{s_c \sqrt{\dfrac{1}{n_1} + \dfrac{1}{n_2}}}$$

②当两总体方差不相等时，比较两个样本的均值，需要先对变量进行适当变换使样本方差具有齐性，再利用上述 t 检验计算公式进行计算和分析。方差齐性检验的原假设是两总体方差无显著差异，即 $H_0 : \sigma_1^2 = \sigma_2^2$。SPSS 中通过 Levene F 方法采用 F 统计量进行检验，其基本原理是通过判断两组样本方差是否相等，间接地推断出两总体方差是否有显著差异。

（3）统计决策。给定显著性水平 α 后，首先需要利用 F 检验判断两总体方差是否相等。

①如果 F 统计量的 P 值大于给定的显著性水平 α，则可认为两总体方差并无显著性差异，此时可进一步观察方差相等条件下的 t 检验结果，如果 t 统计量的 P 值小于或等于给定的显著性水平 α，则可认为两总体均值之间存在显著性差异。相反，如果 P 值大于给定的显著性水平 α，则可认为两总体均值之间不存在显著性差异。

②如果进行 F 检验时，F 统计量的 P 值小于给定的显著性水平 α，则认为两总体方差有显著性差异，此时需进一步察看方差不相等条件下的 t 检验结果。

【实验内容】

某对外汉语教学中心进行了一项汉语教学实验，同一年级的两个平行班参与了该实验。两个班分别采用两种不同的教学方式学习40个生字，其中一班采用的是集中识字的方式，即安排外国留学生在学习课文以前集中学习生字，然后再学习课文；二班采用的是分散识字的方式，即安排留学生一边学习课文一边学习生字。为了考察两种教学方式对生字读音的记忆效果是否有影响，教学效果是否有差异，分别从一班和二班随机抽取了20名学生，要求他们对40个学过的汉字进行注音，每注对一个得1分，注错不得分，从而获得了两个独立样本的数据。

此数据包含学生编号（NUM）、成绩（SCORE）、班级（CLASS）3个变量的40个观测。其中，班级为定类变量，一班的取值标签为1，二班的取值标签为2（参见数据集"data7-1.sav"）。

试根据此数据集评价两种教学方式的优劣。

【实验步骤】

1.对测试成绩进行描述性分析

（1）计算两个班级整体的测试成绩的平均值、标准差、最高分和最低分。

运用"Analyze"下拉菜单"Descriptive Statistics"中的"Explore"命令进入有关对话框，进行有关操作后，得到两个班级整体的测试成绩描述统计结果（如图7-1所示）。

结果显示：均值为29.30，标准差为7.673，最高分为40，最低分为11。

（2）分别计算一班和二班学生测试成绩的平均值、标准差、最高分和最低分。

运用"Analyze"下拉菜单"Descriptive Statistics"中的"Explore"命令进入有关对话框，进行有关操作后，分别得出两个班级各自的测试成绩描述统计结果（如图7-2所示）。

从样本数据上看，二班的各项指标均优于一班，这是第二种教学方式优于第一种教学方式的证据。

2.两个独立样本t检验

由于一班和二班的测试成绩可看成是两个独立的样本，且测试成绩可近似认为服从正态分布，因此，为进一步证实上述判断，可以用两个独立样本t检验进行统计推断。其具体操作步骤如下：

（1）选择菜单：【Compare Means】→【Independent-Samples T Test】，弹出如图7-3所示的独立样本t检验过程的对话框。选择待检验变量SCORE，进入"Test Variable（s）"框中；选择分组变量CLASS进入"Grouping Variable"框中。

（2）在此对话框中单击"Define Groups"按钮，弹出如图7-4所示的"Define Groups"对话框，分别在"Group 1"和"Group 2"框中填入1和2。

Descriptives

		Statistic	Std.Error
成绩	Mean	29.30	1.213
	95% Confidence Lower Bound	26.85	
	Interval for Mean Upper Bound	31.75	
	5%Trimmed Mean	29.72	
	Median	30.50	
	Variance	58.882	
	Std.Deviation	7.673	
	Minimum	11	
	Maximum	40	
	Range	29	
	Interquartile Range	11	
	Skewness	−.726	.374
	Kurtosis	−.095	.733

图7-1 "Explore"对话框输出结果

Descriptives

	班级		Statistic	Std.Error
成绩	一班	Mean	26.95	1.842
		95% Confidence Lower Bound	23.10	
		Interval for Mean Upper Bound	30.80	
		5%Trimmed Mean	27.11	
		Median	28.00	
		Variance	67.839	
		Std.Deviation	8.236	
		Minimum	11	
		Maximum	40	
		Range	29	
		Interquartile Range	12	
		Skewness	−.559	.512
		Kurtosis	−.384	.992
	二班	Mean	31.65	1.439
		95% Confidence Lower Bound	28.64	
		Interval for Mean Upper Bound	34.66	
		5%Trimmed Mean	31.89	
		Median	33.50	
		Variance	41.397	
		Std.Deviation	6.434	
		Minimum	19	
		Maximum	40	
		Range	21	
		Interquartile Range	9	
		Skewness	−.720	.512
		Kurtosis	−.384	.992

图7-2 "Explore"对话框输出分类计算的结果

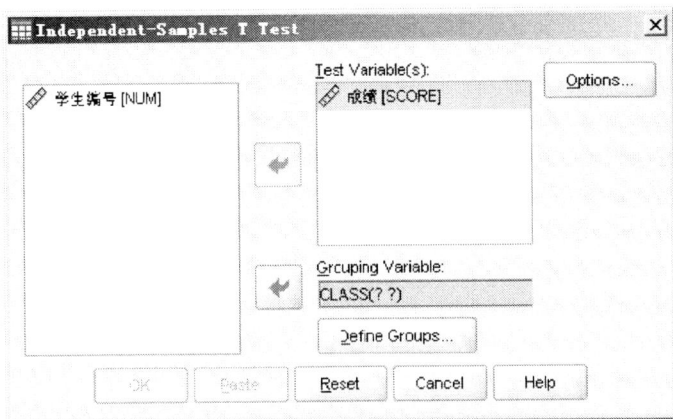

图 7-3　独立样本 t 检验过程的对话框

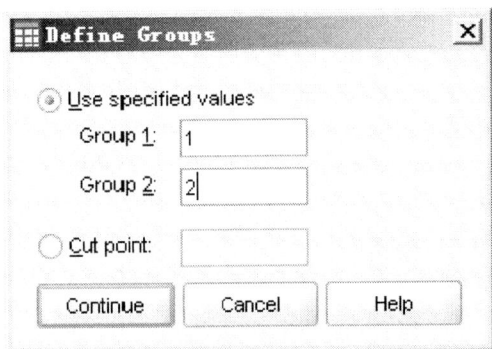

图 7-4　"Define Groups"对话框

（3）点击【Continue】→【OK】，即可得到如图 7-5 所示的输出结果。

Independent Samples Test

		Leven's Test for Equality of Variances		t-test for Equality of Means		
		F	Sig.	t	Sig. (2-tailed)	Mean Difference
成绩	Equal variances assumed	.892	.351	−2.011	.051	−4.700
	Equal variances not assumed			−2.011	.052	−4.700

图 7-5　独立样本 t 检验过程的输出结果

3.分析输出结果

根据上述步骤得到的方差齐性检验的 F 统计量的值和对应的 P 值，以及 t 检验在方差相等与不相等两种情况下的 t 统计量的值和对应的 P 值，结合事先给定的显著性水平 α 的大小，判断两种教学方式对汉字读音的记忆效果是否有差异。

【问题思考】

1.如果不采用"Explore"对话框，是否还可以通过其他对话框来计算两个班级学生总测试成绩的平均值、标准差、最高分和最低分等描述统计量？

2.如果不采用"Explore"对话框，是否还有其他方式分别计算一班和二班学生测试成绩的平均值、标准差、最高分和最低分等描述统计量？

【实验总结】

结合实验内容重复上述操作步骤，观察、整理、分析输出结果，得出分析结论。

实验八　配对样本t检验

科学法则并不是由权威的原理所引导的，也不是由信仰或中世纪哲学来辨明的。统计学是诉诸新知识的唯一法庭。

——普拉桑塔·钱德拉·马哈拉诺比斯

【实验目的】

1. 准确掌握配对样本t检验的方法原理。
2. 熟练掌握配对样本t检验的SPSS操作。
3. 学会利用配对样本t检验方法解决身边的实际问题。

【准备知识】

1. 配对样本t检验的基本思想

配对样本t检验是利用来自两个正态总体的配对样本数据，来推断两个总体的均值是否存在显著性差异。它与独立样本t检验的主要区别是样本必须匹配。抽样过程中两个样本数据的获取不是相互独立的，而是互相关联的。配对样本通常具有两个特征：第一，两组样本的样本容量相同；第二，两组样本的观测值先后顺序一一对应，不能随意更改。

2. 配对样本t检验的基本步骤

（1）提出原假设。配对样本t检验的原假设为两总体均值无显著性差异，即 H_0: $\mu_1 - \mu_2 = 0$。式中：μ_1、μ_2 分别为第一个和第二个总体的均值。

（2）选择检验统计量。配对样本t检验实际上是先求出每对观测值之差d，对差值变量求均值$\bar{d}$，再检验差值变量均值之间的差异是否显著为0。如果差值变量的均值与0无显著性差异，则说明两总体均值之间无显著性差异。配对样本t检验的实质是将两个配对样本的t检验变换成单样本t检验，检验统计量为：

$$t=\frac{\bar{d}-\mu_d}{s_d/\sqrt{n}}$$

（3）做出统计决策。计算检验统计量的观测值和对应的P值，并与给定的显著性水平α进行比较。SPSS能够自动计算两组样本的差值，然后再计算差值序列与0相比的t值及对应的P值。如果P值小于或等于给定的显著性水平α，则拒绝H_0，认为两总体均值之间存在显著性差异。相反，如果P值大于给定的显著性水平α，则没有理由拒绝H_0，认为两总体均值之间不存在显著性差异。

【实验内容】

为研究某种减肥茶是否具有明显的减肥效果，某健身机构对35名肥胖志愿者进行了减肥效果跟踪调研。首先，将其喝减肥茶以前的体重记录下来，3个月后再依次将这35名志愿者喝茶后的体重记录下来，从而获得了一个配对样本数据集。

该数据集包含喝茶前体重（hcq）、喝茶后体重（hch）两个变量的35个观测。每个观测的两个变量下的观测值都是出自同一个被测试者（参见数据集"data8-1.sav"）。

试通过这两组数据的对比分析，推断减肥茶是否具有明显的减肥效果。

【实验步骤】

1.选择检验方法

因为体重可以近似认为服从正态分布，从实验设计和样本数据的获取过程可以看出，这两个样本是配对的，因此，可以运用配对样本t检验的方法，通过检验喝茶前与喝茶后体重的均值是否发生显著变化来确定减肥茶的减肥效果。其具体操作步骤如下：

（1）选择菜单：【Analyze】→【Compare Means】→【Paired-Samples T Test】，弹出如图8-1所示的"Paired-Samples T Test"对话框。

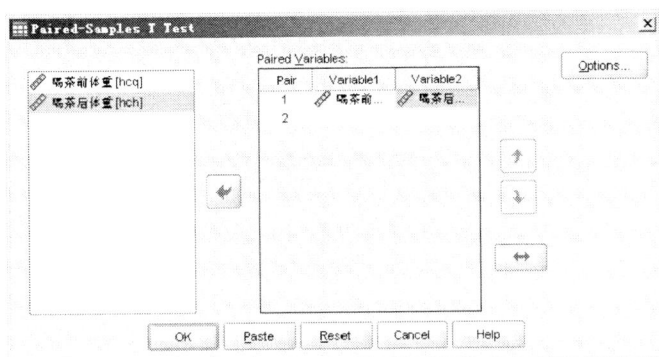

图8-1　配对样本t检验过程的对话框

（2）选择两个配对变量喝茶前体重［hcq］与喝茶后体重［hch］，进入"Paired Variables"框中。

（3）单击"Options"按钮，打开如图8-2所示的"Paired-Samples T Test：Options"对话框，在"Confidence Interval"框中输入置信区间，系统默认为95%，本实验采用系统默认值。

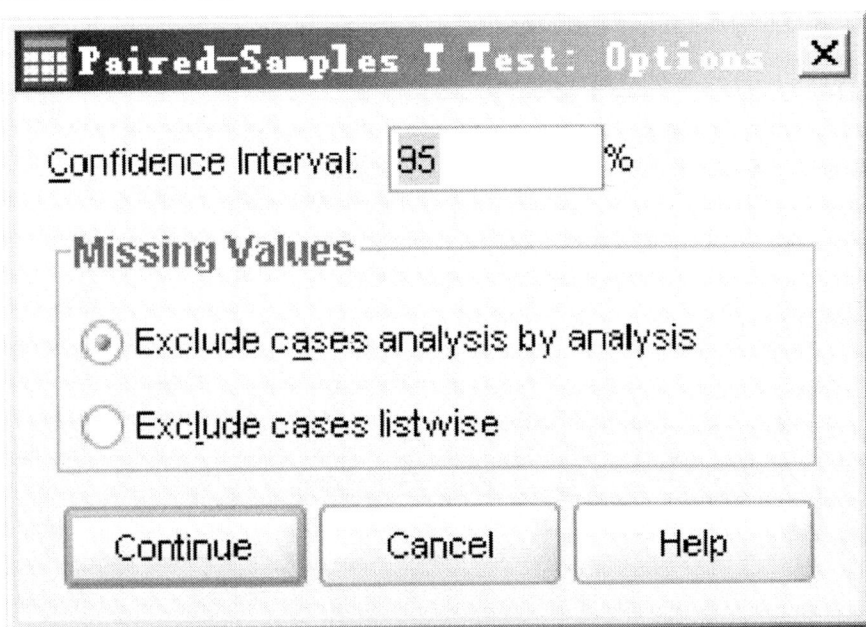

图8-2　"Paired-Samples T Test：Options"对话框

（4）点击【Continue】→【OK】，即可得到t统计量的值及对应的P值（如图8-3所示）。

2.分析输出结果

根据上述步骤得到的t统计量的值和对应的P值，结合事先给定的显著性水平α的大小，判断两个配对样本是否具有显著性差异，即减肥茶是否具有明显的减肥效果。

Paired Samples Statistics

		Mean	N	Std. Deviation	Std. Error Mean
Pair 1	喝茶前体重	89.2571	35	5.33767	.90223
	喝茶后体重	70.0286	35	5.66457	.95749

Paired Samples Correlations

		N	Correlation	Sig.
Pair 1	喝茶前体重 & 喝茶后体重	35	−.052	.768

Paired Samples Test

		Paried Differences			t	Sig（2-tailed）
		Mean	95% Confidence Interval of the Difference			
			Lower	Upper		
Pair 1	喝茶前体重 & 喝茶后体重	19.22857	16.48669	21.97045	14.252	.000

图 8-3 配对样本 t 检验过程的输出结果

【问题思考】

1.如果本实验采用独立样本 t 检验过程来实现，会得到什么结果？请比较二者之间的差异。

2.输出结果中的"Paired Samples Correlations"图中的内容说明了什么问题？

【实验总结】

结合实验内容重复上述操作步骤，观察、整理、分析输出结果，得出分析结论。

实验九　列联分析

统计学不只是一种方法或技术，还含有世界观的成分——它是看待世界上万事万物的一种方法……因此，统计思想（或观点）的养成，不单需要学习一些具体的知识，还要能够从发展的眼光，把这些知识连缀成一个有机的、清晰的图景，获得一种历史的厚重感。

——陈希孺

陈希孺（1934—2005）：中国湖南望城人，著名数理统计学家，中国科学院院士。1956年毕业于武汉大学数学系，1986—1988年作为访问学者先后到加拿大、美国访问。主要从事大样本理论、线性模型、非参数统计、Bayes统计学、回归分析和判别等研究，研究成果曾获国家自然科学奖。主要著作有《数理统计学简史》，《数理统计引论》《线性模型参数估计理论》《非参数统计》《近代回归分析》等。曾先后担任中国现场统计研究会理事长、中国统计学会副理事长等学术职务。1997年当选为中国科学院院士。

【实验目的】

1.了解列联表的构造。

2.准确理解列联表中卡方分析的方法原理。

3.准确理解列联表各种相关性测量统计量的构造原理。

4.熟练掌握列联分析的SPSS操作。

【准备知识】

1.列联分析的基本内容

列联分析是根据样本数据来推断总体中两个定类变量相互关系的一种统计方法。

列联分析有两项主要内容：列联表中的卡方检验和列联表中的相关性测量。这两项内容分别是从不同的途径来分析列联表中两个定类变量之间相关关系的。

2.列联分析的基本步骤

（1）卡方检验的基本步骤。

①建立原假设。卡方检验的原假设是：行变量与列变量相互独立。

②计算检验统计量的值。列联分析中卡方检验的统计量是 Pearson 卡方统计量，其数学公式为：

$$\chi^2 = \sum_{i=1}^{r} \sum_{j=1}^{c} \frac{(f_{ij}^0 - f_{ij}^e)^2}{f_{ij}^e}$$

式中：r 为列联表的行数；c 为列联表的列数；f^0 为观测频数；f^e 为期望频数。

③做出统计决策。有两种决策方式：一是比较临界值的决策方式，即将卡方统计量的值与由给定的显著性水平所决定的临界值相比较。大于或等于临界值，则拒绝原假设；小于临界值，则没有理由拒绝原假设。二是比较 P 值的决策方式，即将卡方统计量的 P 值与给定的显著性水平相比较。大于或等于显著性水平，则没有理由拒绝原假设；小于显著性水平则拒绝原假设。两种决策方式的结论是一致的。SPSS 中采取第二种决策方式。

（2）相关性测量的基本步骤。

可供选择的测量相关性的统计量主要有三个，这些统计量的适用范围有所不同，应根据列联表的结构特点加以适当的选择。

①φ相关系数。φ系数的绝对值在0和1之间，适用于2×2的列联表。其计算公式为：

$$\varphi = \sqrt{\frac{\chi^2}{n}}$$

②C相关系数。C 的取值范围为 0<C<1，它随行数和列数的增大而增大。其适用于大于2×2的列联表，不同行数或列数的列联表之间所得的列联系数不宜作比较。其计算公式为：

$$C = \sqrt{\frac{\chi^2}{\chi^2 + n}}$$

③V相关系数。V的取值范围为0≤V≤1。它适用于大于2×2的列联表，不同行数或列数的列联表之间所得的相关系数不宜作比较。其计算公式为：

$$V=\sqrt{\frac{\chi^2}{n\cdot\min[(r-1),(c-1)]}}=\sqrt{\frac{\chi^2}{n(m-1)}}$$

特别地，当列联表的行数或列数为2时，其计算公式为：

$$V=\sqrt{\frac{\chi^2}{n}}=\varphi$$

【实验内容】

有鉴于当前大学生对体育锻炼不够重视的现状，学校体育部与学生会计划联合在全校范围内开设并普及乒乓球、羽毛球、网球三项运动。它们认为这三项运动既能吸引学生，又能达到良好的锻炼效果。在一次讨论如何针对大学生特点开展校园宣传的工作会议上，为了强化宣传力度，有人提出男女大学生的运动偏好是否存在差异的问题。如果男女大学生的运动偏好没有差异，体育部与学生会将针对全体学生发起整体性的宣传活动；如果有差异，将分别针对男生和女生采取不同的宣传策略。为此，体育部与学生会随机发放了200份问卷，让每一个学生在乒乓球、羽毛球、网球这三个运动项目上选择出自己最喜欢的一项。调查数据参见"data9-1.sav"。

【实验步骤】

1.编制交叉分布图表

观察交叉分布图表有助于形成一个初步判断。其具体操作步骤如下：

（1）打开数据集"data9-1.sav"，选择菜单：【Analyze】→【Descriptive Statistics】→【Crosstabs】，弹出如图9-1所示的"Crosstabs"对话框。

（2）分别选择人群［rows］和态度［columns］进入"Row（s）"和"Column（s）"框中，并选择"Display clustered bar charts"选项。

（3）点击"Cells"按钮，弹出如图9-2所示的对话框，并在"Counts"框下选择"Observed"选项；在"Percentages"框下选择"Column"选项。

（4）点击【Continue】→【OK】，系统输出交叉频数分布的描述结果如图9-3所示。

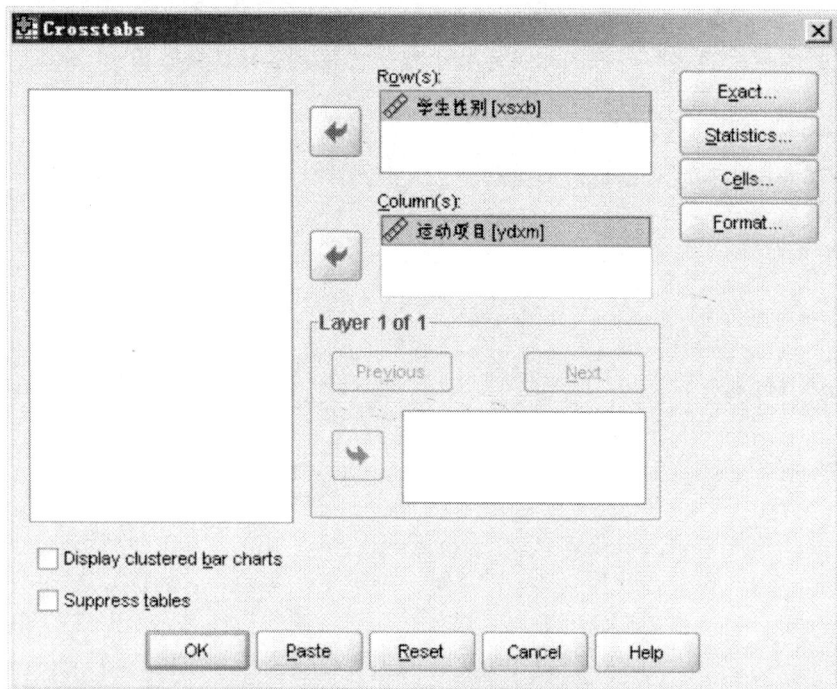

图 9-1 "Crosstabs" 对话框

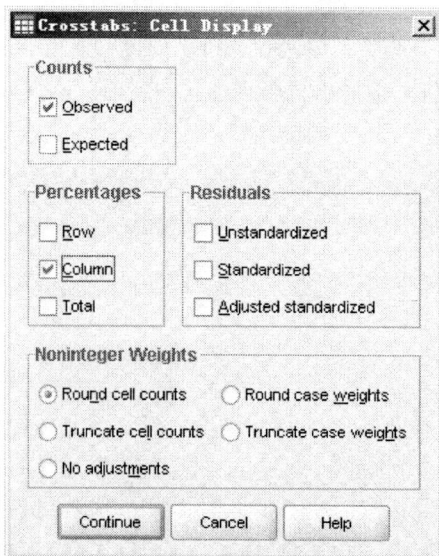

图 9-2 "Crosstabs：Cell Display" 对话框

2.观察分析输出结果

从上述图表描述中观察，男生与女生之间的运动偏好是存在差异的。喜欢乒乓球的男生比率为77.5%，女生比率为22.5%；喜欢羽毛球的男生比率为42.2%，女生比率为57.8%；喜欢网球的男生比率为43.1%，女生比率为56.9%。

学生性别*运动项目 Crosstabulation

			运动项目			Total
			乒乓球	羽毛球	网球	
学生性别	男生	Count	55	27	28	110
		% within 运动项目	77.5%	42.2%	43.1%	55.0%
	女生	Count	16	37	37	90
		% within 运动项目	22.5%	57.8%	56.9%	45.0%
Total		Count	71	64	65	200
		% within 运动项目	100.0%	100.0%	100.0%	100.0%

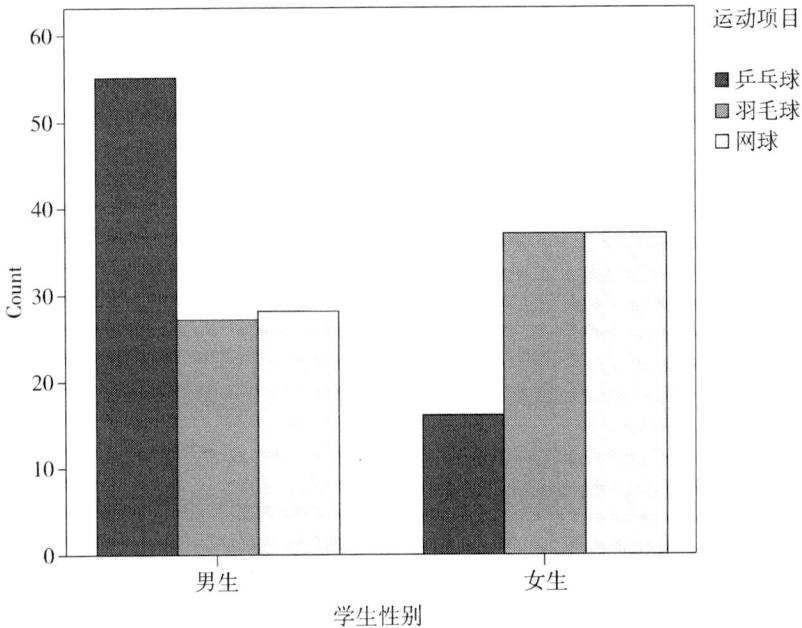

图 9-3　交叉频数分布的图表描述

3. 卡方检验和相关性测量

（1）在如图 9-1 所示的"Crosstabs"对话框中点击"Statistics"按钮，弹出如图 9-4 所示的对话框。

（2）在此对话框中选择"Chi-square"选项和"Nominal"框下的"Contingency coefficient"和"Phi and Cramer's V"选项。

（3）点击【Continue】→【OK】，系统输出卡方检验与相关性测量的结果如图 9-5 所示。

4. 做出统计决策

根据事先给定的显著性水平和系统输出的检验统计量的 P 值，可得出男生与女生运动偏好是否一致的统计推断。

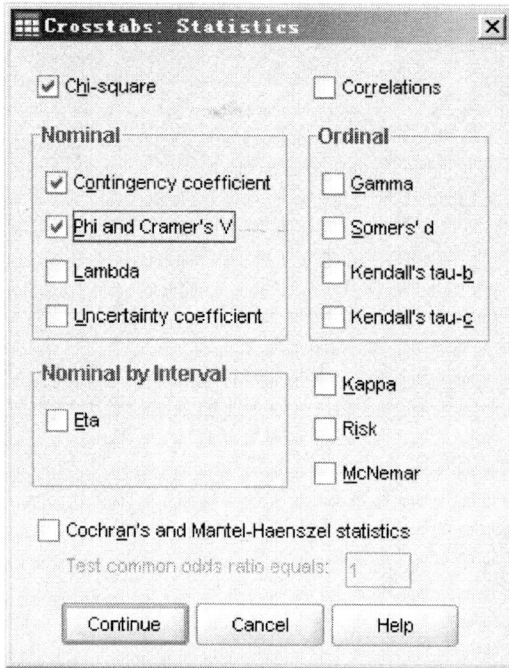

图9-4 "Crosstabs：Statistics"对话框

Chi-Square Tests

	Value	df	Asymp.Sig.（2-sided）
Pearson Chi-Square	22.456ᵃ	2	.000
Likelihood Ratio	23.472	2	.000
Linear-by-Linear Association	16.626	1	.000
N of Valid Cases	200		

a.0 cells（.0%）have expected count less than 5.The minimum expected count is 28.80.

Symmetric Measures

		Value	Approx.Sig.
Nominal by Nominal	Phi	.335	.000
	Cramer's V	.335	.000
	Contingency Coefficient	.318	.000
N of Valid Cases		200	

图9-5 卡方检验与相关性测量的输出结果

【问题思考】

1.要在列联表的单元格中同时列出观测频数、期望频数、行间比率、列间比率和总比率，应当如何操作？

2.如果某一单元格中的期望频数小于5，应当如何处理？

3.在列联表中，如果将两个变量的行列位置互换，结果是否会影响卡方检验与相关性测量的结果？

4.如果我们所获取的数据为表9-1所示的二手数据，应当如何建立SPSS数据集？分析过程中应当如何操作？

表9-1　　　　　　　　　　关于男女生运动偏好的样本数据

	乒乓球	羽毛球	网球	合计
男生	55	27	28	110
女生	16	37	37	90
合计	71	64	65	200

【实验总结】

结合实验内容重复上述操作步骤，观察、整理、分析输出结果，得出分析结论。

实验十　单因素方差分析

我不记得那时是几岁，但是我记得是坐在高椅上吮吸着大拇指，有人告诉我最好停止吮吸它，不然被吮吸的大拇指会变小。我把两手的大拇指并排看了很久，它们似乎是一样的，我对自己说：我看不出被吮吸的那个大拇指比另一个小，我怀疑她在骗我。

——卡尔·皮尔逊

卡尔·皮尔逊（Karl Pearson，1857—1936）：英国著名统计学家。1879年毕业于剑桥大学数学系，1884年进入伦敦大学学院教授数学与力学，从此在该校工作一直到1933年。他27岁便当上了大学教授，39岁被选入英国皇家学会。40多年间，他一直处在科学理智力量的最前沿。他的贡献和影响是多方面的。他的专业是应用数学、生物统计学和统计学，但他又是名副其实的历史学家、科学哲学家、民俗学和宗教问题的研究者、律师、社会主义者和人道主义者、优生学家、弹性和工程问题专家、教育改革家、伦理学家、受欢迎的教师、编辑、文学作品和人物传记的作者。卡尔·皮尔逊最重要的学术成就是为现代统计学打下了坚实的基础，主要体现在以下几个方面：（1）提出和研究了复相关、偏相关的问题；（2）提出了似然函数、矩估计方法；（3）导出了重要的卡方分布；（4）研究了许多概率分布曲线等。主要著作有《科学的规范》《在进化论上的数学贡献》等。

【实验目的】

1.掌握单因素方差分析的基本理论和基本步骤。
2.熟练掌握单因素方差分析的SPSS操作。
3.能够利用单因素方差分析工具解决身边的实际问题。

【准备知识】

1.单因素方差分析的基本概念

方差分析是检验两个或两个以上的样本均值之间的差异是否具有统计学意义的一种方法，目的是推断两个或两个以上的总体均值是否相同。它所研究的是分类型自变量对数值型因变量的影响。当只涉及一个分类型自变量时，该分析称为单因素方差分析；涉及两个或两个以上的分类型自变量时，则称为多因素方差分析。

2.单因素方差分析的理论假设

（1）各处理下的样本是随机的。

（2）各处理下的样本是相互独立的。

（3）各处理下的样本分别来自服从正态分布的总体。

（4）各处理下的样本所属总体的方差相等。

3.单因素方差分析的基本思路

不同处理下的样本均值之间的误差（SST）有两个来源：

（1）组内误差（SSE）。组内误差由样本的随机性造成。

（2）组间误差（SSA）。组间误差由不同处理下对应的总体均值水平高低不同造成。

SSE、SSA各自除以其自由度，得组内均方（MSE）和组间均方（MSA）：

$$MSE=\frac{SSE}{n-r} \qquad MSA=\frac{SSA}{r-1}$$

两者之间的比值服从F分布，分子自由度为（r-1），分母自由度为（n-r）。

$$F=\frac{MSA}{MSE}$$

F统计量的值偏大是总体均值存在明显差异的证据。

4.单因素方差分析的基本步骤

（1）建立假设，H_0：$\mu_1=\mu_2=\cdots=\mu_r=\mu$，$H_1$：$\mu_1$，$\mu_2$，$\cdots$，$\mu_r$不都相等。

（2）计算样本均值：

$$\bar{\bar{x}} = \frac{\sum\limits_{j=1}^{r}\sum\limits_{i=1}^{n_j}x_{ij}}{n_T}$$

（3）计算总样本均值：

$$\bar{x}_j = \frac{\sum\limits_{i=1}^{n_j}x_{ij}}{n_j}$$

（4）计算样本方差：

$$s_j^2 = \frac{\sum_{i=1}^{n_j}(x_{ij} - \bar{x}_j)}{n_j - 1}$$

（5）计算总体方差的组间估计：

$$MSA = \frac{SSA}{r-1} = \frac{\sum_{j=1}^{r}n_j(\bar{x}_j - \bar{\bar{x}})^2}{r-1}$$

（6）计算总体方差的组内估计：

$$MSE = \frac{SSE}{n_T - r} = \frac{\sum_{j=1}^{r}(n_j - 1)s_j^2}{n_T - r}$$

（7）给定显著性水平 α。

（8）计算 F 统计量的值：

$$F = \frac{MSA}{MSE}$$

（9）编制方差分析表。方差分析表的一般格式见表10-1。

表 10-1 　　　　　　　　　　　　　　方差分析表

方差来源	SS 离差平方和	Df 自由度	MS 均方差	F 值 检验统计量
组间	SSA	r-1	$MSA = \dfrac{SSA}{r-1}$	$\dfrac{MSA}{MSE}$
组内	SSE	n-r	$MSE = \dfrac{SSE}{n-r}$	—
总差异	SST	n-1	—	—

（10）做出统计决策。

5.单因素方差中的多重比较

如果经过上述步骤推断总体均值之间存在显著差异，接下来的问题就是确定自变量的不同水平对因变量的影响程度如何，其中哪些水平的作用明显区别于其他水平，哪些水平的作用不显著。这就要用多重比较的分析方法。

多重比较是利用样本数据，对各个水平下的总体均值逐一进行两两之间的比较检验。由于所采用的检验统计量不同，多重比较有许多具体方法，最常用的是最小显著性差异法（LSD法），检验的统计量是一个 t 统计量。

【实验内容】

某企业新开发了一批产品，为了解不同的促销方式、有无售后服务对此产品的销售是否有影响，该企业在城市中随机抽取了24个规模、地理位置等条件相似的超市进行实验。其中，随机抽取8个超市采用主动促销的方式，在此8个超市中再随机抽取4个超市给该商品提供售后服务，其余4个超市不提供售后服务；另随机抽取8个超市采用被动促销方式，在此8个超市中再随机抽取4个超市给该商品提供售后服务，其余4个超市不提供售后服务；剩余8个超市不采取促销方式，在此8个超市中再随机抽取4个超市给该商品提供售后服务，其余4个超市不提供售后服务。经过3个月之后再来统计这24个超市销售此商品的销售额，从而获得到了第一手的数据资料。

该数据资料包含促销方式（promot）、售后服务（service）、销售额（sales）3个变量的24个观测，其中促销方式（promot）与售后服务（service）为定类变量。促销方式（promot）取值为：0=无促销，1=被动促销，2=主动促销。售后服务（service）取值为：0=无售后服务，1=有售后服务。其具体内容参见数据集"data10-1.sav"。

该企业拿到这个实验数据之后，想确认促销方式对该商品的销售额是否有显著影响，如果有显著影响，那么是哪几种促销方式之间的销售额具有显著性差异。

【实验步骤】

1.单因素方差分析

（1）打开数据集"data10-1.sav"，选择菜单：【Analyze】→【Compare Means】→【One-Way ANOVA】，弹出如图10-1所示的"One-Way ANOVA"对话框。在此对话框中，选择销售额［sales］进入"Dependent List"框中；选择促销方式［promot］进入"Factor"框中。

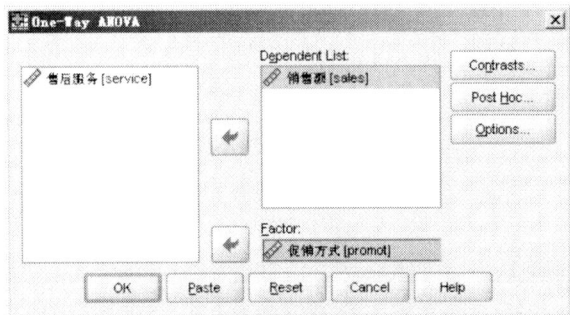

图10-1 "One-Way ANOVA"对话框

（2）单击"Options"按钮，弹出如图10-2所示的对话框，在此对话框中选择"Homogeneity of variance test"选项。

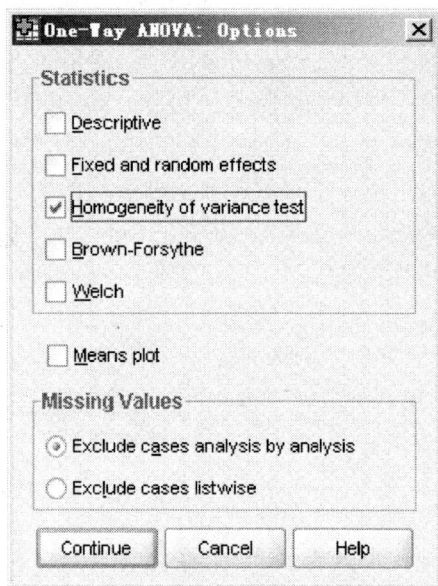

图 10-2 "One-Way ANOVA：Options" 对话框

（3）点击【Continue】→【OK】，系统输出单因素方差分析的结果如图 10-3 所示。

Test of Homoge neity of Variances

销售额

Levene Statistic	df1	df2	Sig.
5.546	2	21	.012

ANOVA

销售额

	Sum of Squares	Mean Square	F	Sig.
Between Groups	579.250	289.625	6.406	.007
Within Groups	949.375	45.208		
Total	1 528.625			

图 10-3 单因素方差分析输出结果

（4）分析输出结果。

方差齐性检验中，Leven 统计量的值为 5.546，P 值为 0.012。可以在 0.05 的显著性水平下认为样本所来自的总体满足方差齐性的要求。

单因素方差分析表中的 F 统计量的值为 6.406，对应的 P 值为 0.007<0.05，可以认为不同促销方式对商品的销售量有显著性影响。

2.进行多重比较

单因素方差分析的结果只能说明 3 种促销方式对销售额的影响是有差异的，但不能给出各种促销方式两两之间的差异情况。因此，要进一步确定到底哪几种促销方式之间存在差异。这需要进行多重比较检验。其具体步骤如下：

（1）在"One-Way ANOVA"主对话框中点击"Post Hoc"按钮，弹出如图10-4所示的"One-Way ANOVA：Post Hoc Multiple Comparisons"对话框。在此对话框中选择"LSD"选项。

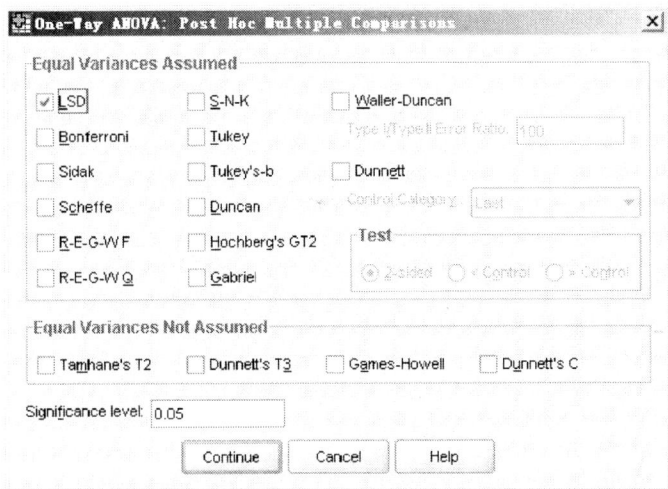

图10-4　"One-Way ANOVA：Post Hoc Multiple Comparisons"对话框

（2）点击【Continue】→【OK】，系统输出多重比较检验的结果如图10-5所示。

Multiple Comparisons

Dependent Variable：销售额

LSD

(I) 促销方式	(J) 促销方式	Mean Difference (I-J)	Sig.	95% Confidence Interval	
				Lower Bound	Upper Bound
无	被动促销	−4.25000	.220	−11.2414	2.7414
	主动促销	−11.87500	.002	−18.8664	−4.8836
被动促销	无	4.25000	.220	−2.7414	11.2414
	主动促销	−7.62500	.034	−14.6164	−.6336
主动促销	无	11.87500	.002	4.8836	18.8664
	被动促销	7.62500	.034	.6336	14.6164

图10-5　多重比较的输出结果

3.做出统计决策

输出结果中两两给出了均值差及其对应的P值，在给定的显著性水平下，可得出多重比较的结论。

【问题思考】

1. 试采用 Bonferroni 方法和 Sidak 方法进行多重比较检验，并对输出结果进行分析。

2. 计算三组促销方式销售额的均值，以及均值的置信区间。

3. 试运用单因素方差分析方法分析售后服务对销售额的影响情况。

4. 如何分析售后服务与促销方式两个因素同时对销售额的影响情况？

【实验总结】

结合实验内容重复上述操作步骤，整理、分析输出结果，得出分析结论。

实验十一　多因素方差分析

科学家必须在庞杂的经验事实中，抓住某些可用精密公式来表示的普遍特征，由此探求自然界的普遍原理。

——爱因斯坦

【实验目的】

1.准确理解多因素方差分析的方法原理。
2.熟练掌握多因素方差分析的SPSS操作。
3.能够运用多因素方差分析方法解决身边的实际问题。

【准备知识】

1.多因素方差分析的基本思想

方差分析中当涉及两个或两个以上的分类型自变量时，则需要进行多因素方差分析。进行多因素方差分析时，要首先确定因变量和若干个自变量，其次分析数值型因变量的方差，最后分别比较因变量总离差平方和各部分所占比例，进而推断自变量以及自变量的交互作用是否给因变量带来了显著影响。

多因素方差分析将因变量观测值的总变差分解为三个组成部分：自变量独立作用的影响、自变量交互作用的影响和随机因素的影响。以双因素方差分析为例，即SST=SSA+SSB+SSAB+SSE。式中：SST为因变量的总变差；SSA和SSB分别为自变量A和B独立作用引起的变差；SSAB为自变量A和B两两交互作用引起的变差；SSE为随机因素引起的变差。通常称SSA+SSB为主效应，SSAB为交互效应，SSE为剩余变差。SST的数学表达式如下：

$$SST = \sum_{i=1}^{k} \sum_{j=1}^{n_i} (x_{ij} - \bar{x})^2$$

式中：k为自变量的水平数；x_{ij}为自变量第i个水平下第j个样本值；n_i为自变量第i个水平下的样本个数；$\bar{x}$为因变量均值。

SSA的数学表达式为：

$$SSA = \sum_{i=1}^{k} \sum_{j=1}^{r} n_{ij} (\bar{x}_i^A - \bar{x})^2$$

式中：n_{ij}为因素A第i个水平和因素B第j个水平下的样本观测值个数；$\bar{x}_i^A$为因素A第i个水平下因变量的均值。

SSB的数学表达式为：

$$SSB = \sum_{i=1}^{y} \sum_{j=1}^{k} n_{ij} (\bar{x}_i^B - \bar{x})^2$$

式中：n_{ij}为因素B第i个水平和因素A第j个水平下的样本观测值个数；$\bar{x}_i^B$为因素B第i个水平下因变量的均值。

SSE的数学定义为：

$$SSE = \sum_{i=1}^{y} \sum_{j=1}^{k} \sum_{k=1}^{n_{ij}} (x_{ijk} - \bar{x}_{ij}^{AB})^2$$

式中：$\bar{x}_{ij}^{AB}$为因素A和因素B在水平i和水平j下的因变量均值。

2.多因素方差分析的理论假设

（1）各因素条件下的样本是随机的。

（2）各因素条件下的样本是相互独立的。

（3）各因素条件下的样本来自正态总体，且样本方差具有方差齐性。

3.多因素方差分析的基本步骤

（1）提出原假设。多因素方差分析的原假设是：各自变量不同水平下的因变量总体的均值无显著差异，自变量各效应和交互作用效应同时为零。

（2）选择检验统计量。多因素方差分析中采用的检验统计量为F统计量。固定效应模型中，如果有A、B两个自变量，通常对应3个F检验统计量：

$$F_A = \frac{SSA/(k-1)}{SSE/kr(l-1)} = \frac{MSA}{MSE}$$

$$F_B = \frac{SSB/(r-1)}{SSE/kr(l-1)} = \frac{MSB}{MSE}$$

$$F_{AB} = \frac{SSAB/(r-1)(k-1)}{SSE/kr(l-1)} = \frac{MSAB}{MSE}$$

（3）计算检验统计量的值及相应的P值。

（4）给定显著性水平α，并做出决策。给定显著性水平α，依次与各个检验统计量的P值进行比较。如果P值小于显著性水平α，则应拒绝原假设；如果P值大于或等于显著性水平α，则没有理由拒绝原假设。

【实验内容】

20××年全国五省的一项调查显示，企业的担保方式和信用程度对企业获得的贷款金额具有显著影响。此次调查所获得的部分数据如数据集"data11-1.sav"所示。

此数据集包含担保方式（x1）、信用等级（x2）、贷款金额（x3）3 个变量的 80 个观测。其中，担保方式（x1）和信用等级（x2）为定类变量。变量担保方式（x1）有 5 个取值：1=实物抵押担保，2=质押担保，3=信用担保，4=保证担保，5= 业主个人担保。变量信用等级（x2）有两个取值：1=好，2=差。

试分析本次调查中主要担保方式和信用等级两个变量对变量贷款金额（万元）的影响是否显著。如果显著，再分析各个因素的不同水平对其影响是否显著。

【实验步骤】

本实验中以担保方式和信用等级为自变量，贷款金额为因变量。其中的原假设为：不同担保方式没有对贷款金额产生显著影响；不同信用等级没有对贷款金额产生显著影响；担保方式和信用等级没有对贷款金额产生显著的交互影响。其具体操作步骤如下：

（1）选择菜单：【Analyze】 → 【General Linear Model】 → 【Univariate】，弹出如图 11-1 所示的对话框。

（2）选择贷款金额 [x3] 到 "Dependent Variable" 框中，选择担保方式 [x1] 和信用等级 [x2] 到 "Fixed Factor（s）" 框中。

（3）点击 "Model" 按钮，弹出如图 11-2 所示的对话框。

（4）在 "Specify Model" 框下选择 "Full factorial" 选项。"Full factorial" 为全模型选项，这是系统默认的选项。全模型分析中包括所有自变量的主效应和因素与因素之间的交互效应。自定义模型（Custom）是针对全模型而言的。如果研究中发现自变量的某阶交互作用没有给因变量带来显著影响，则可尝试建立自定义模型。对于自定义模型，其参数估计的方法、检验统计量与全模型相似。本实验中选用全模型。单击 "Continue" 按钮返回主对话框。

（5）点击 "Options" 按钮，弹出如图 11-3 所示的对话框。选择 "Display" 框下的 "Homogeneity tests" 选项进行方差齐性检验。点击 "Continue"，返回主对话框。

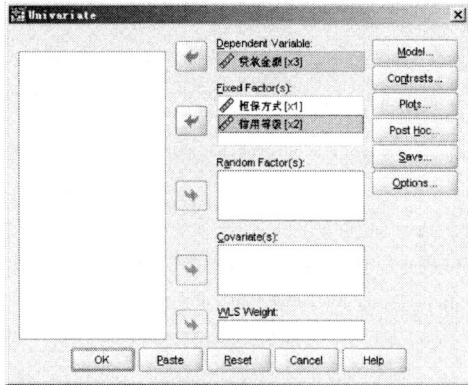

图 11-1　多因素方差分析对话框

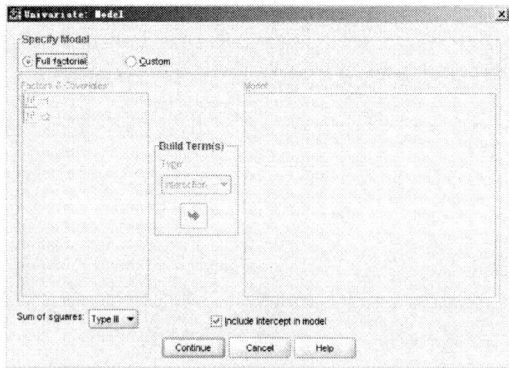

图 11-2　"Univariate：Model" 对话框

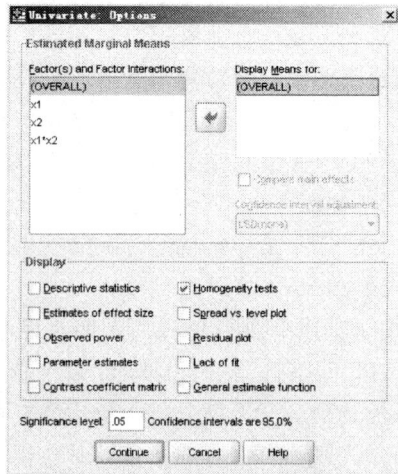

图 11-3　方差齐性检验对话框

（6）在主对话框中点击 "Post Hoc" 按钮，弹出如图 11-4 所示的对话框。在此对话框中选择 x1 和 x2 进入 "Post Hoc Tests for" 框内；选择 "Equal Variances Assumed" 框下的 "LSD" 选项；选择 "Equal Variances Not Assumed" 框下的 "Tamhane's T2" 选项。

图 11-4　"Post Hoc"选项窗口

（7）点击【Continue】→【OK】，系统输出分析结果如图 11-5 所示。

Levene's Test of Equality of Error Variances

Dependent Variable：贷款金额

F	df1	df2	Sig.
.245	9	70	.986

Tests of Between-Subjects Effects

Dependent Variable：贷款金额

Source	Type III Sum of Squares	Mean Square	F	Sig.
Corrected Model	4 560 586.363	506 731.818	59.474	.000
Intercept	20 929 557.0	20 929 557.01	2 456.440	.000
x1	396 513.675	99 128.419	11.634	.000
x2	4 163 737.513	4 163 737.513	488.686	.000
x1*x2	335.175	83.794	.010	1.000
Error	596 419.625	8 520.280		
Total	26 086 563.0			
Corrected Total	5 157 005.988			

Multiple Comparisons

Dependent Variable：贷款金额

	(I) 促销方式	(J) 促销方式	Mean Difference（I-J）	Sig.	95% Confidence Interval	
					Lower Bound	Upper Bound
LSD	实物抵押担保	质押担保	49.31	.135	−15.78	114.40
		信用担保	100.25*	.003	35.16	165.34
		保证担保	151.44*	.000	86.35	216.53
		业主个人担保	197.81*	.000	132.72	262.90
	质押担保	实物抵押担保	−49.31	.135	−114.40	15.78
		信用担保	50.94	.123	−14.15	116.03
		保证担保	102.13*	.003	37.04	167.21
		业主个人担保	148.50*	.000	83.41	213.59
	信用担保	实物抵押担保	−100.25*	.003	−165.34	−35.16
		质押担保	−50.94	.123	−116.03	14.15
		保证担保	51.19	.121	−13.90	116.28
		业主个人担保	97.56*	.004	32.47	162.65
	保证担保	实物抵押担保	−151.44*	.000	−216.53	−86.35
		质押担保	−102.13*	.003	−167.21	−37.04
		信用担保	−51.19	.121	−116.28	13.90
		业主个人担保	46.38	.160	−18.71	111.46
	业主个人担保	实物抵押担保	−197.81*	.000	−262.90	−132.72
		质押担保	−148.50*	.000	−213.59	−83.41
		信用担保	−97.56*	.004	−162.65	−32.47
		保证担保	−46.38	.160	−111.46	18.71
Tamhane	实物抵押担保	质押担保	49.31	1.000	−221.51	320.13
		信用担保	100.25	.956	−168.34	368.84
		保证担保	151.44	.639	−115.48	418.36
		实物抵押担保	197.81	.292	−71.02	466.65
	质押担保	实物抵押担保	−49.31	1.000	−320.13	221.51
		信用担保	50.94	1.000	−220.13	322.01
		保证担保	102.13	.952	−167.30	371.55
		业主个人担保	148.50	.684	−122.81	419.81
	信用担保	实物抵押担保	−100.25	.956	−368.84	168.34
		质押担保	−50.94	1.000	−322.01	220.13
		保证担保	51.19	1.000	−215.99	318.36
		业主个人担保	97.56	.964	−171.52	366.65
	保证担保	实物抵押担保	−151.44	.639	−418.36	115.48
		质押担保	−102.13	.952	−371.55	167.30
		信用担保	−51.19	1.000	−318.36	215.99
		业主个人担保	46.38	1.000	−221.04	313.79
	业主个人担保	实物抵押担保	−197.81	.292	−466.65	71.02
		质押担保	−148.50	.684	−419.81	122.81
		信用担保	−97.56	.964	−366.65	171.52
		保证担保	−46.38	1.000	−313.79	221.04

Based on observed means.

*The mean difference is significant at the .05 level.

图11-5　全模型多因素方差分析输出结果

方差齐性检验中，F 统计量的值为 0.245，P 值为 0.986。担保方式 x1 作用的 F 统计量的值是 11.634，P 值为 0.000。信用水平 x2 作用的 F 统计量的值是 488.686，P 值为 0.000。由担保方式 x1 和信用水平 x2 交互作用的 F 统计量的值是 0.010，P 值为 1.000。

由于本数据中的方差齐性检验结果是具有方差齐性的，所以，应就 LSD 的输出结果进行分析。比较相应的两组均值的 P 值与显著性水平的大小。在 0.05 的显著性水平下，如果 P 值≥0.05，则两组均值不存在显著性差异；如果 P 值<0.05，则两组均值存在显著性差异。

【问题思考】

1. 多因素方差分析的前提条件是什么？单因素方差分析和多因素方差分析的方差齐性检验有什么不同？

2. 对于给出的数据文件，还可以用什么统计方法进行分析？

3. 本次调研中，信用等级直接以以前是否有不良信用记录作为好和差的判断标准，你认为这样做合理吗？有没有更好的方法对信用等级进行评价？

4. 尝试选用自定义模型进行多因素方差分析，观察结果如何。

【实验总结】

结合实验内容重复上述操作步骤、观察、整理、分析输出结果，得出分析结论，撰写一份分析报告。

实验十二　协方差分析

> 我不是乐观主义者，我也不是悲观主义者，我是一个非常严肃的"可能性主义者"。当我们把个人情绪抛开，就只专于分析现在的世界，我们可以做到更多。
>
> ——汉斯·罗斯林

汉斯·罗斯林（Hans Rosling，1948—2017）：数据可视化及教育专家。1948年7月27日，罗斯林出生在瑞典的乌普萨拉。1967—1974年，罗斯林在乌普萨拉大学学习统计学和医学。1976年，罗斯林成为一名执业医师。1979—1981年，罗斯林在莫桑比克的纳卡拉担任区域医务官。罗斯林长期关注全球卫生问题，并致力于通过有趣的数据可视化来呈现复杂的全球问题。《时代》杂志2012年将罗斯林评为全球100位最有影响力的人物之一，称赞他使用"令人惊叹的数据展示，让全球数百万人从全新的角度审视自己和这座星球"。

【实验目的】

1. 准确掌握协方差分析的方法原理。
2. 熟练掌握协方差分析的SPSS操作。
3. 培养运用协方差分析方法解决身边实际问题的能力。

【准备知识】

1.协方差分析的基本思想

协方差分析是传统方差分析方法的一种延续。不论是单因素方差分析，还是多因素方差分析，都不曾考虑协变量的存在，但协变量会对因变量产生显著影响。为了更准确地研究自变量（可控制变量）不同水平对因变量的影响，需要考虑协变量在其中的影响程度。这就是协方差分析所要解决的问题。从方法原理上看，协方差分析是介于方差分析与线性回归分析之间的一种统计分析方法。协方差分析将那些人为很难控制的因素作为协变量，并在排除协变量对因变量影响的条件下，分析可控制变量对因变量的作用，从而更加准确地对控制因素进行评价。

2.协方差分析的理论假设

（1）协变量对因变量的线性影响不显著。

（2）在剔除协变量影响的条件下，可控制变量各水平下因变量的总体均值无显著差异。

（3）可控制变量各水平对因变量效应同时为零。

3.协方差分析的数学模型

全模型：

$y_{ij}=\beta_0+\alpha_i+\beta_1x_{ij}+\varepsilon_{ij}$

简略模型 Ⅰ：

$y_{ij}=\beta_0+\alpha_i+\varepsilon_{ij}$

简略模型 Ⅱ：

$y_{ij}=\beta_0+\beta_1x_{ij}+\varepsilon_{ij}$

式中：x 为协变量，α_i 为处理。全模型既考虑了协变量又考虑了处理对因变量的影响；简略模型I仅考虑了处理对因变量的影响；简略模型II仅考虑了协变量对因变量的影响。

4.协方差分析的基本步骤

（1）计算 $F1=\dfrac{SSE_{RI}-SSE_F}{SSE_F/(N-t-1)}$，其自由度为（1，N-t-1），若 $F1 \geqslant F_{(\alpha,1,N-t-1)}$，则认为协变量和观测值有显著线性关系。

（2）计算 $F2=\dfrac{(SSE_{RII}-SSE_F)/(t-1)}{SSE_F/(N-t-1)}$，其自由度为（t-1，N-t-1），若 $F2 \geqslant F_{(\alpha,t-1,N-t-1)}$，则认为经过协变量调整后的观测值按照不同处理分组，各组之间差异显著。

式中：SSE_F 为模型的误差平方和；SSE_{RI} 为简略模型 I 的误差平方和；SSE_{RII} 为简略模型 II 的误差平方和。

（3）计算经协变量调整后各组处理的观测值均值（剔除协变量因素），调整方程为：

$$\hat{\mu}_{Adj,i} = \hat{\beta}_0 + \hat{\beta}_i + \hat{\beta}_1 \bar{x}$$

式中：i=2，3，…，t。t 等于处理个数加 1，$\bar{x}$ 为协变量的平均值。

【实验内容】

社会经济因素能否影响人的语言表达能力？这是一个有趣的心理学和社会学问题。本实验将演示如何运用协方差分析方法来解决这个问题。

考虑到成年人的表达能力会受到后天的很多因素的影响，我们选择幼儿进行测验，获取了有关变量的观测值。

此数据集包含 80 个观测和 3 个变量。3 个变量分别为：社会阶层（level），测验过程中定义了四个社会阶层；年龄（old），以月计算；语言表达能力（language），观测值为测验得分（参见数据集 "data12-1.sav"）。

问题中的 language 为观测变量，level 为可控变量。根据研究的目的，可以以 level 为自变量、language 为因变量做单因素方差分析，但考虑到 old 可能会对观测变量产生影响，因此，为准确评价社会阶层因素对语言表达能力的影响，还需采用单因素协方差分析进行深入研究。

【实验步骤】

为确认 old 是否能够作为协变量，绘制 old 与 language 的散点图如图 12-1 所示。

由图 12-1 可以看出，old 与 language 呈较为明显的线性关系，而且斜率基本一致。由此初步确认 old 可以作为协变量参与下一步的协方差分析。协方差分析的具体步骤如下：

1.全模型协方差分析步骤

（1）打开数据集 "data12-1.sav"，选择菜单：【Analyze】 → 【General Linear Model】 → 【Univariate】，弹出如图 12-2 所示的 "Univariate" 对话框。

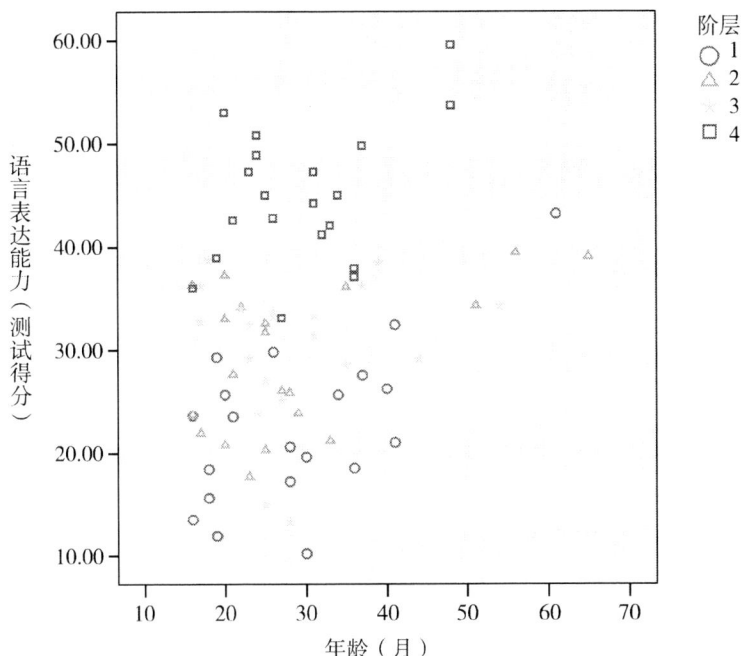

图 12-1 old 与 language 的散点图

图 12-2 "Univariate" 对话框

（2）选择变量语言表达能力［language］进入"Dependent Variable"框内；选择变量阶层［level］进入"Covariate（s）"框内；选择变量年龄［old］进入"Fixed Factor（s）"框内。

（3）点击"Options"按钮，弹出如图 12-3 所示的"Univariate：Options"对话框。在此对话框中选择"Parameter estimates"选项。

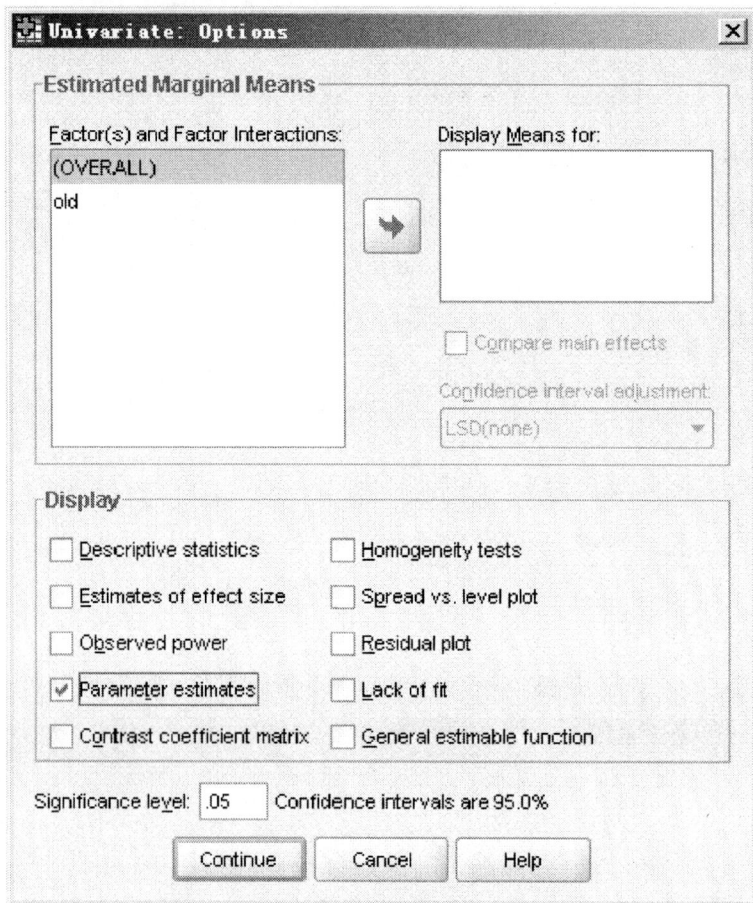

图12-3 "Univariate：Options"对话框

（4）点击【Continue】→【OK】，系统输出的协方差分析结果如图12-4所示。

Tests of Between-Subjects Effects

Dependent Variable：语言表达能力（测试得分）

Source	Type III Sum of Squares	df	Mean Square	F	Sig.
Corrected Model	5 895.828ª	4	1 473.957	34.956	.000
Intercept	5 520.842	1	5 520.842	130.931	.000
old	648.364	1	648.364	15.376	.000
level	5 148.707	3	1 716.236	40.702	.000
Error	3 162.454	75	42.166		
Total	89 544.610	80			
Corrected Total	9 058.282	79			

a.R Squared=.651（Adjusted R Squared=.632）

Parameter Estimates

Dependent Variable：语言表达能力（测试得分）

Parameter	B	Std.Error	t	Sig.	95% Confidence Interval	
					Lower Bound	Upper Bound
Intercept	36.938	2.479	14.903	.000	32.001	41.876
old	.267	.068	3.921	.000	.131	.402
[level=1]	−21.995	2.054	−10.709	.000	−26.087	−17.904
[level=2]	−15.458	2.054	−7.525	.000	−19.551	−11.366
[level=3]	−14.292	2.054	−6.956	.000	−18.384	−10.199
[level=4]	0ª	.	.	.	.	.

a.This parameter is set to zero because it is redundant.

图12-4　全模型协方差分析输出结果

2.简略模型Ⅰ协方差分析步骤

（1）选择菜单：【Analyze】→【General Linear Model】→【Univariate】，弹出如图12-5所示的"Univariate"对话框。

图12-5　"Univariate"对话框

（2）选择变量语言表达能力［language］进入"Dependent Variable"框内；选择变量阶层［level］进入"Fixed Factor（s）"框内。

（3）点击"OK"，系统输出的简略模型Ⅰ协方差分析结果如图12-6所示。

3.简略模型Ⅱ协方差分析步骤

（1）选择菜单：【Analyze】→【General Linear Model】→【Univariate】，弹出如图12-7所示的"Univariate"对话框。

Tests of Between-Subjects Effects

Dependent Variable：语言表达能力（测试得分）

Source	Type III Sum of Squares	df	Mean Square	F	Sig.
Corrected Model	5 247.464ᵃ	3	1 749.155	34.884	.000
Intercept	80 486.328	1	80 486.328	1 605.157	.000
level	5 247.464	3	1 749.155	34.884	.000
Error	3 810.818	76	50.142		
Total	89 544.610	80			
Corrected Total	9 058.282	79			

a.R Squared=.579（Adjusted R Squared=.563）

图 12-6　协方差分析表（一）

图 12-7　"Univariate" 对话框

（2）将因变量语言表达能力 [language] 移入 "Dependent Variable" 框内；将协变量年龄 [old] 移入 "Covariate（s）" 框内。

（3）点击 "OK"，系统输出简略模型 II 的协方差分析结果（如图 12-8 所示）。

4.对 SPSS 输出结果进行计算

（1）$F1 = \dfrac{SSE_{R\,I} - SSE_F}{SSE_F/(N-t-1)} = \dfrac{3810.818 - 3162.454}{3162.454/(80-4-1)} = 15.376 > F_{(0.05,\,1.75)}$

得出幼儿的表达能力与幼儿的年龄有显著的线性相关性（即斜率 β_1 不为 0）。

（2）$F2 = \dfrac{(SSE_{R\,II} - SSE_F)/(t-1)}{SSE_F/(N-t-1)} = \dfrac{(8311.161 - 3162.454)/(4-1)}{3162.454/(80-4-1)} = 40.702 > F_{(0.05,\,3.75)}$

Tests of Between−Subjects Effects

Dependent Variable：语言发达能力（测试得分）

Source	Type III Sum of Squares	df	Mean Square	F	Sig.
Corrected Model	747.121ª	1	747.121	7.012	.010
Intercept	5 270.888	1	5 270.888	49.467	.000
old	747.121	1	747.121	7.012	.010
Error	8 311.161	78	106.553		
Total	89 544.610	80			
Corrected Total	9 058.282	79			

a.R Squared=.082（Adjusted R Squared=.071）

图 12-8　协方差分析表（二）

得出按照社会阶层分类调整后的幼儿的表达能力之间有显著差异。

（3）计算调整后的观测值。

将图 12-4 中的参数估计值，即 $\hat{\beta}_0$=36.938，$\hat{\beta}_1$=0.267，$\hat{\beta}_2$=−21.995，$\hat{\beta}_3$=−15.458，$\hat{\beta}_4$=−14.292，代入调整方程 $\hat{\mu}_{\text{Adj},i}=\hat{\beta}_0+\hat{\beta}_i+\hat{\beta}_1\bar{x}$（$\bar{x}$ 为协变量的平均值），得：

$\beta_0+\beta_1\bar{x}_1$=36.938+0.267×29=44.681

（$\beta_0+\beta_2$）+$\beta_1\bar{x}_1$=14.943+0.267×29=22.686

（$\beta_0+\beta_3$）+$\beta_1\bar{x}_1$=21.48+0.267×29=29.223

（$\beta_0+\beta_4$）+$\beta_1\bar{x}_1$=22.646+0.267×29=30.389

整理结果见表 12-1。

表 12-1　　　　　调整后各处理下观测值的均值表

语言表达能力	阶层 1	阶层 2	阶层 3	阶层 4
调整后	22.69	29.22	30.39	44.68

【问题思考】

1.比较各处理下调整前与调整后的观测值的均值之间的差异。

2.将本实验中 SPSS 输出的方差分析表转化成标准的方差分析表。

3.尝试做出没有截距项的模型，然后利用本实验中的数据进行分析。

（提示：在协方差分析的 "Univariate" 对话框中点击 "Model"，弹出 "Model" 对话框，在此对话框中消掉 "Include Intercept in Model" 前面的 "√"，即取消了

模型的截距项。点击"Continue"返回"Univariate"对话框，再进行其他操作）

【实验总结】

结合实验内容重复上述操作步骤，观察、整理、分析输出结果，得出分析结论，撰写一份分析报告。

实验十三　相关分析

不确定性知识+所含不确定性量度的知识=可用的知识。

——加利亚木普迪·拉达克利西纳·劳

【实验目的】

1.准确掌握相关分析的方法原理。

2.熟练掌握相关分析的SPSS操作。

3.了解 Pearson 相关系数、Spearman 相关系数、Kendall's tau-b 相关系数的计算方法及其对数据的要求。

4.培养运用相关分析解决身边实际问题的能力。

【准备知识】

1.简单相关分析的概念

相关分析是研究变量间关系密切程度的一种统计方法。线性相关分析研究两个变量间线性关系的强弱程度。相关系数是描述这种线性关系强弱的统计量，通常用 r 表示。

如果一个变量 Y 可以确切地用另一个变量 X 的线性函数表示，则两个变量间的相关系数是 1 或 −1。

变量 Y 随变量 X 的增加而增加或随着变量 X 的减少而减少，称为变化方向一致，这种相关称为正向相关，其相关系数大于 0；反之，相关系数小于 0。相关系数 r 没有计量单位，其值在 −1 和 1 之间。

2.相关系数的计算方法

（1）Pearson 相关系数

正态分布的定距尺度的变量 x 与变量 y 间的 Pearson 相关系数可以采用 Pearson 积矩相关公式计算，公式为：

$$r_{xy} = \frac{\sum_{i=1}^{n}(x_i - \bar{x})(y_i - \bar{y})}{\sqrt{\sum_{i=1}^{n}(x_i - \bar{x})^2 \sum_{i=1}^{n}(y_i - \bar{y})^2}}$$

式中：$\bar{x}$、$\bar{y}$ 分别是变量 x、y 的均值。x_i、y_i 分别是变量 x、y 的第 i 个观测值。

（2）Spearman 相关系数

Spearman 相关系数是 Pearson 相关系数的非参数形式，是根据数据的秩而不是根据实际值计算的。也就是说，先对原始变量的数据排秩，根据秩使用 Spearman 相关系数公式进行计算。它适合定序尺度数据或不满足正态分布假设的定距尺度数据。Spearman 相关系数的数值也在−1 和 1 之间，绝对值越大，表明相关性越强。变量 x 与变量 y 间的 Spearman 相关系数计算公式为：

$$\theta = \frac{\sum(R_i - \bar{R})(S_i - \bar{S})}{\sqrt{\sum(R_i - \bar{R})^2(S_i - \bar{S})^2}}$$

式中：R_i 是第 i 个 x 值的秩，S_i 是第 i 个 y 值的秩。$\bar{R}$、$\bar{S}$ 分别是变量 R_i、S_i 的平均值。

（3）Kendall's tau−b 相关系数

Kendall's tau−b 相关系数也是一种对两个有序变量或两个秩变量间的关系程度的测度。它在分析时考虑了结点（秩次相同）的影响，适用于两个变量均为定序尺度数据的情况。Kendall's tau−b 相关系数计算公式如下：

$$\tau = \frac{\sum_{i<j}\operatorname{sgn}(x_i - \bar{x})\operatorname{sgn}(y_i - \bar{y})}{\sqrt{(T_0 - T_1)(T_0 - T_2)}}$$

其中，

$$\operatorname{sgn}(z) = \begin{cases} 1 & \text{if } z > 0 \\ 0 & \text{if } z = 0 \\ -1 & \text{if } z < 0 \end{cases}$$

$$T_0 = n(n-2)/2 \quad T_1 = \sum t_i(t_i - 1)/2 \quad T_2 = \sum u_i(u_i - 1)/2$$

式中：t_i（或 u_i）是 x（或 y）的第 i 组结点 x（或 y）值的数目，n 为观测数。

3.关于相关系数统计意义的检验

我们通常是利用样本来研究总体的特性的。由于抽样误差的存在，样本中两个变量之间的相关系数不为零，不能说明总体中这两个变量间的相关系数不是零，因此必须进行检验。检验的零假设是：总体中两个变量间的相关系数为零。Pearson 和 Spearman 相关系数假设检验 t 值的计算公式为：

$$t = \frac{\sqrt{n-2} \cdot r}{\sqrt{1-r^2}}$$

式中：r是相关系数，n是样本观测数，n−2是自由度。当$t>t_{0.05}(n-2)$时，$p<0.05$，拒绝原假设。在SPSS的相关分析过程中，只输出相关系数和假设成立的概率p值。

4.偏相关分析

（1）偏相关分析的概念

由于其他变量的影响，相关系数往往不能真正反映两个变量间的线性相关程度。偏相关分析就是在研究两个变量之间的线性相关关系时控制可能对其产生影响的变量。

（2）偏相关系数的计算

控制了一个变量z，变量x、y之间和控制了两个变量z_1、z_2，变量x、y之间的偏相关系数计算公式分别如下：

$$r_{xy\cdot z}=\frac{r_{xy}-r_{xz}r_{yz}}{\sqrt{(1-r_{xz}^2)(1-r_{yz}^2)}} \qquad r_{xy\cdot z_1 z_2}=\frac{r_{xyz_1}-r_{xz_2\cdot z_1}r_{yz_2\cdot z_1}}{\sqrt{(1-r_{xz_2\cdot z_1}^2)(1-r_{yz_2\cdot z_1}^2)}}$$

第一个公式中的$r_{xy\cdot z}$是控制了z的条件下，x、y之间的偏相关系数。r_{xy}是变量x、y间的简单相关系数或称零阶相关系数。r_{xz}、r_{yz}分别是变量x、z间和变量y、z间的简单相关系数，依此类推。

（3）偏相关系数的检验

偏相关系数检验的零假设为：总体中两个变量间的偏相关系数为0。使用t检验方法，公式如下：

$$t=\frac{\sqrt{n-k-2}\cdot r}{\sqrt{1-r^2}}$$

式中：r是相应的偏相关系数，n是样本观测数，k是可控制变量的数目，n−k−2是自由度。当$t>t_{0.05}(n-k-2)$时，$p<0.05$，拒绝原假设。在SPSS的相关分析过程中，只输出偏相关系数及其p值。

【实验内容】

"知屋漏者在宇下，知政失者在草野"，学者出身的市长深刻认同政府的好坏应该由人民说了算这一观点，提出了"让人民满意的政府才是好政府"，并决定开展一次政府社会满意度调查活动，以调查结果作为政府绩效评价的重要依据。

调查小组接受委托以后，开始大量搜集相关资料，进行调研设计。经过资料的搜集和整理，调查小组发现全国已有10多个地方政府开展过社会满意度调查活动。从评价指标上看，目前我国政府社会满意度调查最常用的指标包括"服务质量"、"党风廉政"、"执法形象"、"政务公开"、"服务态度"、"办事效率"和"工作作风"等。

在组织了多次焦点小组访谈并进行了试调查后，调查小组确定从政府工作效能、依法行政、工作作风、服务群众和廉洁自律五个方面调查市政府的社会满意度，每一方面又根据实际情况设置了若干二级指标。调查小组认为采用街头拦截法发放问卷是比较可行的，计划在两个月的调查时间内发放10 000份调查问卷。调查小组设计的调查问卷部分内容如下：

市政府社会满意度调查问卷

您好！

我是市社会评议活动办公室委托的调查员。现通过您进行市政府社会满意度调查。您的意见对做好这次调查至关重要，请您根据自身实际和亲身感受，对以下问题进行客观选择，将最符合您情况的答案圈出来。我们承诺将严格为您保密，谢谢您的合作！

下面是对政府部门在工作效能、依法行政、工作作风、服务群众、廉洁自律方面的描述，请您根据自己的感受从5分（很满意）至0分（说不清）打分，并在相应分值上画圈（见表13-1）。

表13-1　　　　　　　　　　　市政府社会满意度调查问卷

题号	评价项目	很满意	比较满意	一般	较不满意	不满意	说不清
B01	政策法规、办事程序、时限、收费标准公开、明确	5	4	3	2	1	0
B02	削减审批事项落实到位，办事手续简便易行	5	4	3	2	1	0
B03	按时限办结，无推诿扯皮	5	4	3	2	1	0
B04	业务熟练，能快速准确地指导或告知相关事宜	5	4	3	2	1	0
B05	无不作为、乱作为、慢作为问题	5	4	3	2	1	0
B06	从以上方面来看，您觉得该部门工作效能方面的总体表现怎么样	5	4	3	2	1	0
B07	准确运用与工作相关的法律、法规和相关政策	5	4	3	2	1	0
B08	严格按照法定职责权限和程序执行公务	5	4	3	2	1	0
B09	一视同仁，公正执法	5	4	3	2	1	0
B10	执法文明，无野蛮现象	5	4	3	2	1	0
B11	无乱检查、乱收费、乱摊派、乱罚款现象	5	4	3	2	1	0
B12	从以上方面来看，您觉得该部门依法行政方面的总体表现怎么样	5	4	3	2	1	0
B13	出台的政策法规，合市情、顺民意	5	4	3	2	1	0

题号	评价项目	很满意	比较满意	一般	较不满意	不满意	说不清
B14	求真务实，不搞形式主义、"花架子"	5	4	3	2	1	0
B15	有改革创新精神，能灵活处理新问题	5	4	3	2	1	0
B16	无乱开会、乱发文、乱要材料现象	5	4	3	2	1	0
B17	深入基层，调查研究	5	4	3	2	1	0
B18	无迟到早退、离岗、空位、工作时间办私事现象	5	4	3	2	1	0
B19	从以上方面来看，您觉得该部门工作作风方面的总体表现怎么样	5	4	3	2	1	0
B20	积极为服务对象办实事、办好事、解难事	5	4	3	2	1	0
B21	态度热情，无生、冷、硬、顶问题	5	4	3	2	1	0
B22	工作人员能够执行首问责任制	5	4	3	2	1	0
B23	便民服务设施完善	5	4	3	2	1	0
B24	投诉、举报渠道公开畅通	5	4	3	2	1	0
B25	对群众意见整改认真，反馈及时	5	4	3	2	1	0
B26	从以上方面来看，您觉得该部门服务群众方面的总体表现怎么样	5	4	3	2	1	0
B27	认真遵守廉洁从政的各项规定	5	4	3	2	1	0
B28	无以权谋私，行贿、受贿行为	5	4	3	2	1	0
B29	没有"吃、拿、卡、要、报"现象	5	4	3	2	1	0
B30	重视信访、举报，查处严肃认真	5	4	3	2	1	0
B31	从以上方面来看，您觉得该部门廉洁自律方面的总体表现怎么样	5	4	3	2	1	0
B32	综合各方面，您对该部门服务工作的总体评价是	5	4	3	2	1	0

本次调查共收回有效问卷 8 071 份。经整理得出的有关变量的样本数据，参见数据集 "data13-1.sav"。此数据集包含工作效能（efficiency）、依法行政（legal）、工作作风（workway）、服务群众（service）、廉洁自律（decipline）、总体满意度（total）6 个变量的 8 071 个观测。这 6 个变量均为定序变量。

要求：（1）根据上述内容，计算政府工作效能、依法行政、工作作风、服务群众和廉洁自律五方面满意度与总体满意度的相关性。

（2）在控制其他变量的情况下，分别计算工作效能、依法行政、工作作风、服务群众和廉洁自律与总体满意度的偏相关系数。

【实验步骤】

1.计算简单相关系数

（1）选择菜单：【Analyze】→【Correlate】→【Bivariate】，弹出如图13-1所示的对话框。

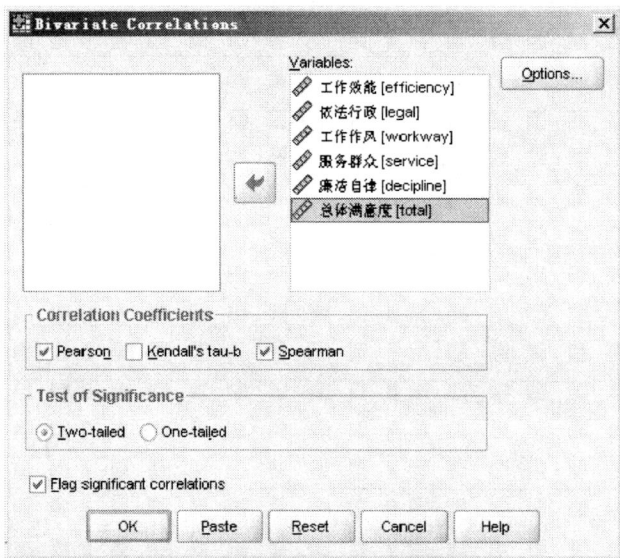

图13-1　简单相关系数计算对话框

（2）在此对话框中选择变量工作效能［efficiency］、依法行政［legal］、工作作风［workway］、服务群众［service］、廉洁自律［decipline］、总体满意度［total］进入"Variables"框内。选择"Correlation Coefficients"框下的"Spearman"选项；选择"Test of Significance"框下的"Two-tailed"选项；选中"Flag significant correlations"复选项。

（3）点击"OK"，系统输出简单相关系数的计算结果如图13-2所示。

2.计算偏相关系数

（1）选择菜单：【Analyze】→【Correlate】→【Partial】，弹出如图13-3所示的偏相关系数计算对话框。

（2）在此框中选择变量工作效能［efficiency］、总体满意度［total］进入"Variables"框内；选择变量依法行政［legal］、工作作风［workway］、服务群众［service］、廉洁自律［decipline］进入"Controlling for"框内。选择"Test of Significance"框下的"Two-tailed"选项；选中"Display actual significance level"复选项。

Correlations

	工作效能	依法行政	工作作风	服务群众	廉洁自律	总体满意度
工作效能	1.000	.721**	.695**	.701**	.679**	.762**
	.	.000	.000	.000	.000	.000
	8 023	7 989	7 965	8 001	7 669	8 013
依法行政	.721**	1.000	.717**	.708**	.701**	.753**
	.000	.	.000	.000	.000	.000
	7 989	8 030	7 973	8 011	7 679	8 020
工作作风	.695**	.717**	1.000	.737**	.718**	.767**
	.000	.000	.	.000	.000	.000
	7 965	7 973	8 008	7 989	7 663	7 999
服务群众	.701**	.708**	.737**	1.000	.723**	.791**
	.000	.000	.000	.	.000	.000
	8 001	8 011	7 989	8 046	7 690	8 037
廉洁自律	.679**	.701**	.718**	.723**	1.000	.803**
	.000	.000	.000	.000	.	.000
	7 669	7 679	7 663	7 690	7 707	7 705
总体满意度	.762**	.753**	.767**	.791**	.803**	1.000
	.000	.000	.000	.000	.000	.
	8 013	8 020	7 999	8 037	7 705	8 060

**Correlation is significant at the 0.01 Level 2-tailed.

图 13-2 简单相关系数计算输出结果

注：图中带有 "**" 号的结果表明有关的两变量在0.01的显著性水平下显著相关。

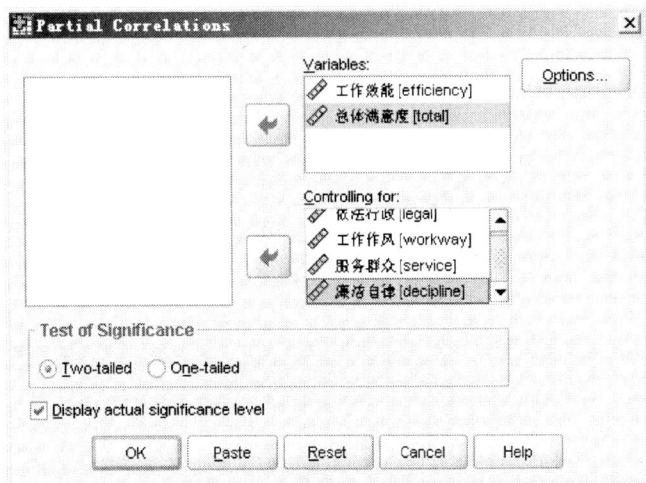

图 13-3 偏相关系数计算对话框

（3）点击"OK"，系统输出偏相关系数的计算结果如图13-4所示。

Correlations

		工作效能	总体满意度
工作效能	Correlation	1.000	.264
	Significance（2-tailed）	.	.000
	df	0	7 588
总体满意度	Correlation	.264	1.000
	Significance（2-tailed）	.000	.
	df	7 588	0

图13-4　偏相关系数的计算结果

（4）依此类推，可分别得到依法行政、工作作风、服务群众和廉洁自律与总体满意度的偏相关系数。

【问题思考】

1.SPSS提供了几种求相关系数的方法？各适合分析什么类型的变量？

2.缺失值对于统计分析的结果有什么影响？如果出现缺失值应该如何处理？

【实验总结】

结合实验内容重复上述操作步骤，观察、整理、分析输出结果，得出分析结论，撰写一份分析报告。

实验十四　简单线性回归分析

作为老师，在我们的班上也看到了同样的回归现象。期中考试时成绩比较高的学生在期末考试时成绩也好，但平均不像期中考试那么好。类似地，期中考试时成绩比较差的学生期末考试时平均要好一些。

——G.R.埃维森

【实验目的】

1.准确理解简单线性回归分析的方法原理。
2.熟练掌握简单线性回归分析的SPSS操作。
3.熟练掌握运用简单线性回归方程进行预测的方法。
4.培养运用简单线性回归分析解决身边实际问题的能力。

【准备知识】

1.简单线性回归分析的基本思想

回归分析是定量反映数值型变量之间明显存在的相关关系的一种统计推断方法。回归分析根据自变量的多少可分为简单回归分析和多元回归分析，根据关系类型可分为线性回归分析和非线性回归分析。简单线性回归分析就是在一个因变量与一个自变量之间进行的线性相关关系的统计推断。简单线性回归分析的理论模型为：

$y = \beta_0 + \beta_1 x + \varepsilon$

其理论假设为：

$$\begin{cases} E(\varepsilon_i)=0 \\ var(\varepsilon_i)=\sigma^2 \\ Cov(\varepsilon_i\varepsilon_j)=0 \end{cases}$$

对于所有的 i，j，i≠j。

简单线性回归的核心任务是根据样本数据求出未知参数 β_0 和 β_1 的估计值 $\hat{\beta}_0$ 和 $\hat{\beta}_1$，从而得出估计的回归方程：

$$y=\hat{\beta}_0+\hat{\beta}_1 x+\varepsilon$$

检验 β_1 是否显著的统计量为 t 统计量。其计算公式为：

$$t=\frac{\beta_1}{S_{\beta_1}}$$

式中：

$$S_{\beta_1}=\sqrt{\frac{\sum(y_i-\hat{y}_i)^2}{(n-2)\sum(x_i-\bar{x})^2}}$$

当 $|t|>t_{\frac{\alpha}{2}}(n-2)$ 时，线性关系成立。

2.简单线性回归分析中的拟合优度检验

判定线性回归直线拟合优度的检验统计量为：

$$R^2=\frac{\sum(\hat{y}_i-\bar{y})^2}{\sum(y_i-\bar{y})^2}$$

式中：$\sum(y_i-\bar{y})^2$ =SST，称为总平方和，$\sum(\hat{y}_i-\bar{y})^2$ = SSR，称为回归平方和，SSE=SST-SSR$\sum(\hat{y}_i-y_i)^2$，称为残差平方和。

为消除自变量个数与样本量大小对判定系数的影响，又引入了调整的 R^2，计算公式为：

$$调整的 R^2=\frac{\sum(\hat{y}_i-\bar{y})^2/(n-k-1)}{\sum(y_i-\bar{y})^2/(n-1)}=1-\frac{\sum(y_i-\hat{y}_i)^2/(n-k-1)}{\sum(y_i-\bar{y})^2/(n-1)}$$

式中：k 为自变量的个数，n 为样本观测数目。对于一元线性回归方程，k=1。

3.简单线性回归分析中的F检验

回归方程显著性检验的统计量为F统计量：

$$F=\frac{\sum(\hat{y}_i-\bar{y})^2/k}{\sum(y_i-\hat{y}_i)^2/(n-k-1)}=\frac{R^2/k}{(1-R^2)/(n-k-1)} \sim F(k,n-k-1)$$

式中：k 为解释变量的个数，n 为样本数。对于一元线性回归方程，k=1。

4.简单线性回归分析中的残差分析

所谓残差，是指由回归方程计算所得的预测值与实际值之间的差距，定义为：

$$e_i=y_i-\hat{y}_i=y_i-(\hat{\beta}_0+\hat{\beta}_1 x_i)(i=1, 2, \cdots, p)$$

它是回归模型中 ε_i 的估计值，由多个 e_i 形成的序列称为残差序列。可通过残差分析来证实模型假设。

5.简单线性回归分析中的DW检验

在对回归模型的诊断中，需要诊断回归模型中残差序列的独立性。如果残差序列不相互独立，那么根据回归模型的任何估计与假设做出的结论都是不可靠的。检验残差序列相互独立性的统计量称为 DW 统计量。其取值范围为：$0 < DW < 4$。其统计学意义为：①若 $DW = 2$，表明相邻两点的残差项相互独立；②若 $0 < DW < 2$，表明相邻两点的残差项正相关；③若 $2 < DW < 4$，表明相邻两点的残差项负相关。

6.简单线性回归分析的基本步骤

（1）由样本数据绘制散点图，判断变量之间是否存在线性相关关系。

（2）确定因变量与自变量，并初步设定回归方程。

（3）估计参数，建立回归预测模型。

（4）利用检验统计量对回归预测模型进行各项显著性检验。

（5）检验通过后，可利用回归模型进行预测，分析评价预测值。

【实验内容】

学生教育达到的水平与学生所居住的州在教育方面的经费支出多少有关系吗？在许多地区这个重要问题被纳税人提出，而纳税人又被他们的学区请求增加用于教育方面的税收收入。在这种情况下，为了确定在公立学校中教育经费支出和学生学习成绩之间是否存在某种关系，你需要首先去搜集有关教育经费支出和学生学习成绩的数据。

美国联邦政府的《全国教育进展评价》计划常常被用来测量学生的教育水平，对于参加该计划的 35 个州，表 14-1 给出了每名学生每年的经常性教育经费支出和《全国教育进展评价》计划测试综合分数的统计数据。综合分数是数学、自然科学和阅读三门课程测试分数的总和。满分是 1 300 分。

表 14-1　　参加《全国教育进展评价》计划的州每名学生的教育经费支出和综合分数

州名	教育经费支出（美元）	综合分数	州名	教育经费支出（美元）	综合分数
路易斯安那	4 049	581	北卡罗来纳	4 521	629
密西西比	3 423	582	罗得岛	6 554	638
加利福尼亚	4 917	580	华盛顿	5 338	639
夏威夷	5 532	580	密苏里	4 483	641
南卡罗来纳	4 304	603	科罗拉多	4 772	644

续表

州名	教育经费支出（美元）	综合分数	州名	教育经费支出（美元）	综合分数
亚拉巴马	3 777	604	印第安纳	5 128	649
佐治亚	4 663	611	犹他	3 280	650
佛罗里达	4 934	611	怀俄明	5 515	657
新墨西哥	4 097	614	康涅狄格	7 629	657
阿肯色	4 060	614	马萨诸塞	6 413	658
特拉华	6 208	615	内布拉斯加	5 410	660
田纳西	3 800	618	明尼苏达	5 477	661
亚利桑那	4 041	618	艾奥瓦	5 060	665
西弗吉尼亚	5 247	625	蒙大拿	4 985	667
马里兰	6 100	625	威斯康星	6 055	667
肯塔基	5 020	626	北达科他	4 374	671
得克萨斯	4 520	627	缅因	5 561	675
纽约	8 162	628			

对于未参加《全国教育进展评价》计划的13个州，表14-2给出了每名学生每年的经常性教育经费支出。

表14-2　　　　　　　**未参加《全国教育进展评价》计划的州**
每名学生的教育经费支出

州名	教育经费支出（美元）	州名	教育经费支出（美元）
爱达荷	3 602	俄亥俄	5 438
北达科他	4 067	俄勒冈	5 588
俄克拉荷马	4 265	佛蒙特	6 269
内华达	4 658	密歇根	6 391
堪萨斯	5 164	宾夕法尼亚	6 579
伊利诺伊	5 297	阿拉斯加	7 890
新罕布什尔	5 387		

要求：

（1）对这些数据做出图表描述。

（2）利用回归分析去研究每名学生的教育经费支出和《全国教育进展评价》计划测试综合分数之间的关系。

（3）根据这些数据求出估计的回归方程。

【实验步骤】

1.绘制散点图，判断变量之间是否存在相关关系

（1）选择菜单：【Graphs】→【Scatter】→【Simple Scatter】，弹出如图 14-1 所示的 "Simple Scatterplot" 对话框。在对话框中选择综合分数［score］进入 "Y Axis" 框内，选择教育经费支出［education］进入 "X Axis" 框内。

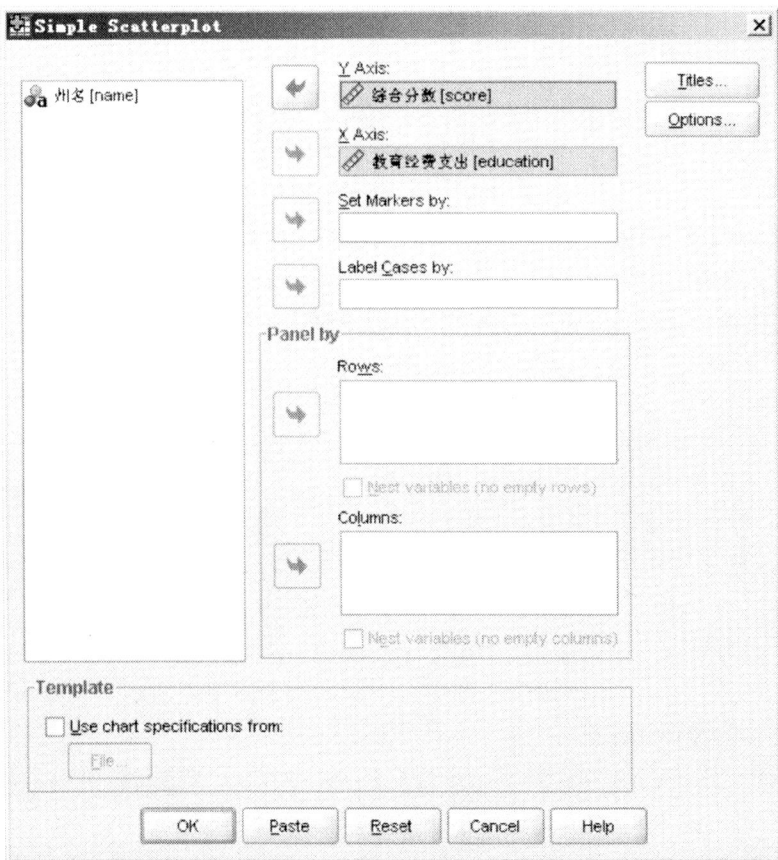

图 14-1　散点图主对话框

（2）点击 "OK"，得出如图14-2所示的输出结果。

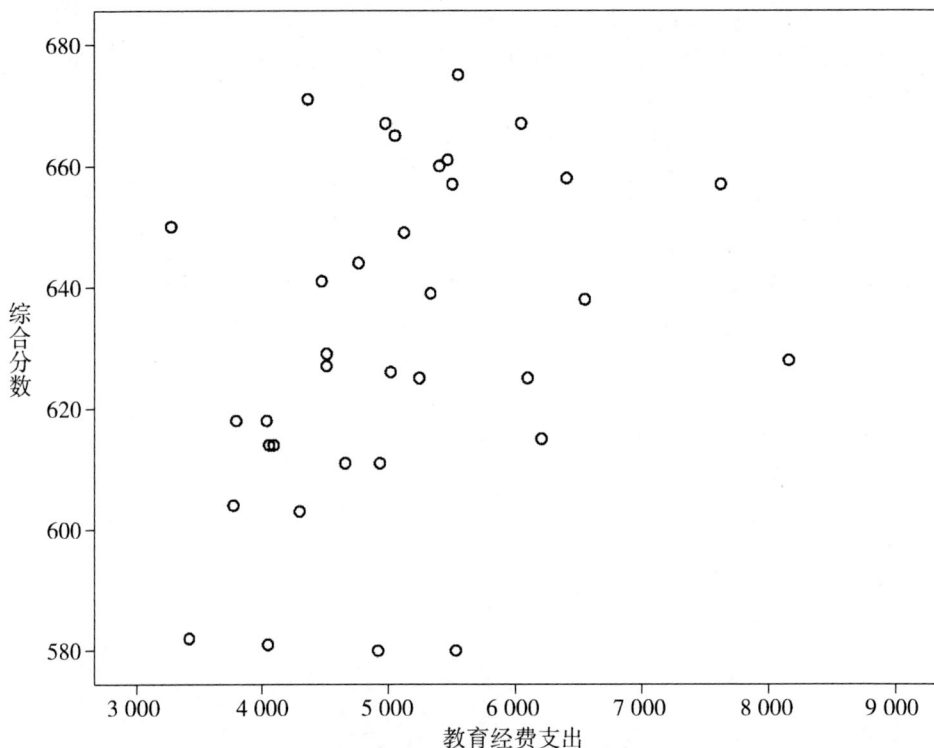

图14-2　综合分数与教育经费支出散点图

由图14-2所示的输出结果可以初步判断出综合分数与教育经费支出呈线性关系，该数据集适合建立简单线性回归模型。

2.确定因变量与自变量，初步设定回归方程

以综合分数为因变量，教育经费支出为自变量，建立简单线性回归方程：

$y=\beta_0+\beta_1 x+\varepsilon$

3.估计参数，确定估计的简单线性回归方程

（1）选择菜单：【Analyze】→【Regression】→【Linear】，弹出如图14-3所示的主对话框。

（2）在此对话框中选择变量"综合分数【Score】"进入"Dependent"框内，选择"教育经费支出【education】"进入"Independent（s）"框内。

（3）因为只有一个自变量，所以，在"Method"框中选择"Enter"选项即可。

（4）点击"Statistics"按钮，打开如图14-4所示的对话框，该对话框用来定义输出各种常用判别统计量。

①选择"Estimates"输出回归系数、回归系数的标准差、对回归系数检验的t值、t值双侧检验的P值。

②选择"Confidence intervals"输出每个非标准化回归系数的95%的置信区间；选择"Covariance matrix"输出回归系数的方差。

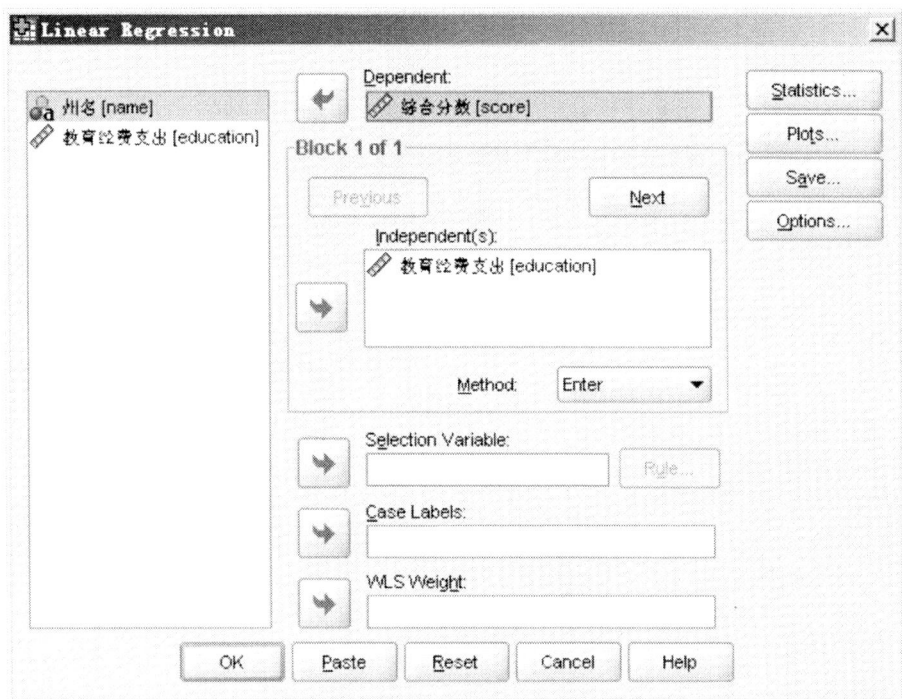

图14-3　线性回归主对话框

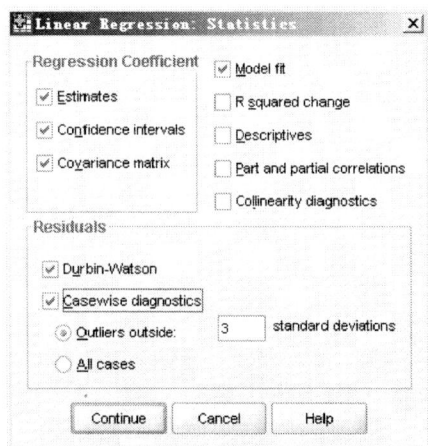

图14-4　输出统计量对话框

③选择"Model fit"输出各种默认值：判定系数 R^2、调整的判定系数、回归方程的标准误差、回归方程显著性的F检验的方差分析表。

④选择"Part and partial correlations"，输出解释变量与被解释变量之间的相关系数。

⑤选择"Durbin-Watson"判断相邻残差序列的相关性。

⑥选择"Casewise diagnostics"进行样本奇异值判断，并在"Outliers outside"的参数框中键入"3"，设置观测标准差大于等于3的奇异值。

⑦单击"Continue"按钮返回。

（5）在主对话框中点击"Plots"按钮，弹出如图14-5所示的对话框。该对话框主要通过图形进行残差序列分析。

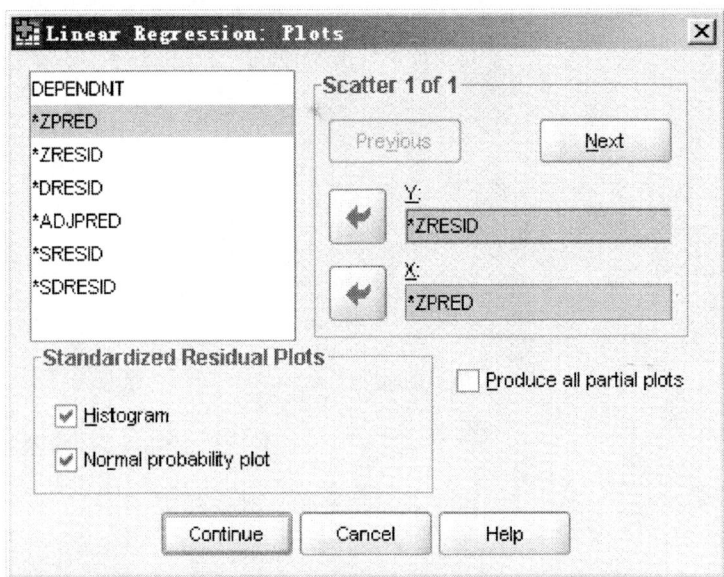

图14-5　选择图形对话框

窗口左边各变量名的含义如下："DEPENDNT"表示被解释变量，"*ZPRED"表示标准化预测值，"*ZRESID"表示标准化残差，"*DRESID"表示剔除残差，"*ADJPRED"表示调整的预测值，"*SRESID"表示学生化残差，"*SDRESID"表示剔除学生化残差。

①选取"*ZRESID"为 Y 轴，"*ZPRED"为 X 轴绘制图形研究观测变量的分布规律、异常值，点击"Next"可以选择其他组合进行观察。

②在"Standardized Residual Plots"中选择"Histogram"输出带有正态曲线的标准化残差的直方图，观测残差序列是否服从正态分布。

③选取"Normal probability plot"输出标准化残差图，观测残差波动幅度。

④点击"Continue"返回主对话框。

（6）在主对话框中点击"Save"按钮，弹出如图14-6所示的对话框，该对话框主要是在数据编辑窗口中保存一些变量。

①在"Predicted Values"框中选择"Unstandardized"，输出由方程计算出的因变量的非标准化预测值。

②在"Distances"框中，选择"Mahalanobis"，计算马氏距离，选择"Cook's"，计算 Cook 距离，选择"Leverage values"，计算中心化杠杆值。这三个统计量的计算都是为了找到强影响点和高杠杆点。

③在"Prediction Intervals"框中，选择输出预测区间。选择"Individual"项，输出个别值预测区间。

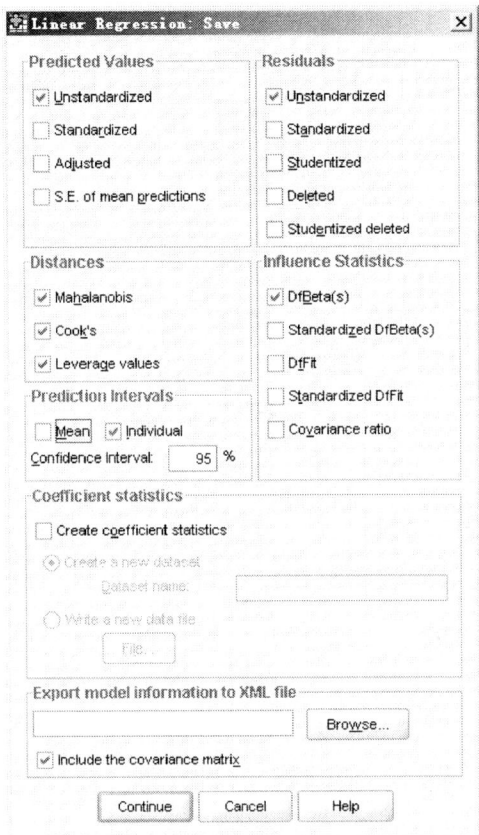

图 14-6　保存变量对话框

④在"Residuals"框中，选择"Unstandized"项，输出非标准化残差。

⑤在"Influence Statistics"框中，选择"DfBeta（s）"输出因排除一个特定的观测值所引起的回归系数的变化值。一般情况下，如果此值大于临界值 $2/\sqrt{n}$，则认为被排除的观测值有可能是影响点。

⑥选择"Save to New File"，将回归系数保存在一个指定的文件中。

⑦选择"Export model information to XML file"，可将模型的信息输出到指定的文件夹中。

⑧点击"Continue"按钮，返回主对话框。

（7）在主对话框中点击"Options"按钮，弹出如图14-7所示的对话框，做出有关选择。

①在"Stepping Method Criteria"框中，选择"Use probability of F"选项，采用 F 检验的概率值作为依据。系统默认"Entry"值为0.05，"Removal"值为0.10。当一个变量的 Sig 值≤Entry 值时，该变量被引入方程，当一个变量的 Sig 值≥Removal 值时，该变量被从方程中剔除。

②选择"Include constant in equation"选项，在回归方程中加入常数项。

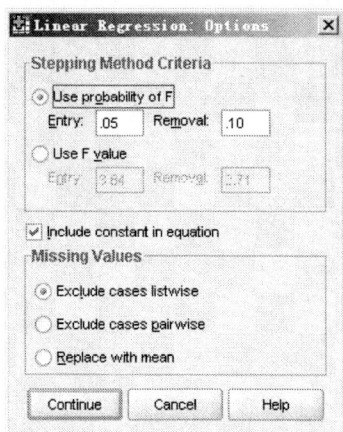

图 14-7　选择对话框

③在"Missing Values"框中，选择"Exclude cases listwise"选项，排除缺失值。

④点击【Continue】→【OK】，输出全部结果。上述步骤的部分输出结果如图 14-8 所示。

Model Summary[b]

Model	R	R Square	Adjusted R Square	Std.Error of the Estimate	Durbin–Watson
1	.341[a]	.117	.090	26.325	.285

[a]Predictors：（Constant）教育经费支出

[b]Dependent Variable：综合分数

ANOVA[b]

Model		Sum of Squares	df	Mean Square	F	Sig
1	Regression	3 016.944	1	3 016.944	4.353	.045[a]
	Residual	22 869.342	33	693.010		
	Total	25 886.286	34			

[a]Predictors：（Constant）教育经费支出

[b]Dependent Variable：综合分数

Coefficients[a]

Model		Unstandardized Coefficients		Standardized Coefficients	t	Sig.
		B	Std.Error	Beta		
1	（Constant）	587.164	21.543		27.256	.000
	教育经费支出	.009	.004	.341	2.086	.045

[a]Dependent Variable：综合分数

图 14-8　简单线性回归的部分输出结果

4.全面分析上述步骤的输出结果

分析散点图、残差图判断线性关系是否真实存在，以及模型假设是否成立。根据给定的显著性水平，检验各种统计量的取值及P值。得出有关的回归系数，从而给出估计的简单线性回归方程。

【问题思考】

1.你认为能利用它来估计未参加《全国教育进展评价》计划的州的学生综合分数吗？

2.如果只考虑每名学生的教育经费支出在4 000～6 000美元之间的州。对于这些州，二变量之间的关系与根据35个州的全部数据所得出的结论显现出任何不同吗？讨论你发现的结果。

3.对未参加《全国教育进展评价》计划的州，求出学生综合分数的估计值。

【实验总结】

结合实验内容重复上述操作步骤，观察、整理、分析输出结果，得出分析结论，撰写一份分析报告。

实验十五　多元线性回归分析

> 在终极的分析中，一切知识都是历史；在抽象的意义下，一切科学都是数学；在理性的基础上，所有的判断都是统计学。
>
> ——加利亚木普迪·拉达克利西纳·劳

　　加利亚木普迪·拉达克利西纳·劳（Calyampudi Radhakrishna Rao，生于1920年）：美国著名统计学家。1920年出生于印度卡那塔加省的那达加里一个贵族家庭，1940年获得印度安德拉大学数学硕士学位，1943年在加尔各答大学获得统计学硕士学位。后经印度著名统计学家马哈拉诺比斯推荐，师从数理统计学奠基人R.A.费希尔教授攻读博士学位，1948年获得英国剑桥大学统计学博士学位。至今出版专著13部，发表学术论文400余篇，在估计理论、渐进推断、多元分析、概率分布刻画、矩阵代数、组合分析、统计学中的微分几何方法等研究方面做出了重要贡献。先后被14个国家授予25个荣誉学位，先后当选为美国科学院、第三世界科学院、英国皇家统计学会等31个国际著名研究机构的院士、名誉院士或理事，2002年获得美国总统科学奖。

【实验目的】

1.准确理解多元线性回归分析的方法原理。

2.熟练掌握多元线性回归分析的SPSS操作。

3.掌握样本回归系数和回归方程显著性检验的方法。

4.掌握如何利用回归方程进行预测。

5.培养运用多元线性回归分析方法解决身边实际问题的能力。

【准备知识】

1.多元线性回归分析的基本原理

多元线性回归模型是指含有多个自变量的线性回归模型，用于解释因变量与其他多个自变量之间的线性关系。

多元线性回归模型数学表达式为：

$$y=\beta_0+\beta_1x_1+\beta_2x_2+\cdots+\beta_kx_k+\varepsilon$$

式中：因变量 y 的变化可由两个部分解释：一是由 k 个自变量 x 的变化引起的 y 的变化部分；二是由其他随机因素引起的 y 的变化部分，即 ε。β_0，β_1，β_2，$\cdots$，β_k 是模型中的未知参数，分别称为回归常数和偏回归系数，ε 称为随机误差，是一个随机变量。

根据样本数据得到未知参数 β_0，β_1，β_2，$\cdots$，β_k 的估计量 $\hat{\beta}_0$，$\hat{\beta}_1$，$\hat{\beta}_2$，$\cdots$，$\hat{\beta}_k$，于是有：

$$\hat{y}=\hat{\beta}_0+\hat{\beta}_1x_1+\hat{\beta}_2x_2+\cdots+\hat{\beta}_kx_k$$

2.回归系数的检验

多元线性回归分析中，回归系数显著性检验的原假设为 H_0：$\beta_i=0$（i=1，2，$\cdots$，k），即第 i 个偏回归系数与 0 无显著差异。检验 β_i 的显著性的统计量为 t 统计量：

$$t_i=\frac{\beta_i}{S_{\beta_i}}$$

式中：$S_{\beta_i}=\sqrt{\dfrac{\sum(y_i-\hat{y}_i)^2}{(n-k-1)\sum(x_{ji}-\bar{x}_i)^2}}$

当 $|t|>t_{\frac{\alpha}{2}}(n-k-1)$ 时，拒绝原假设。

3.回归方程的检验

多元线性回归方程显著性检验的原假设为 H_0：$\beta_1=\beta_2=\cdots=\beta_k=0$，检验的统计量为 F 统计量：

$$F=\frac{\sum(\hat{y}_i-\bar{y})^2/k}{\sum(\hat{y}_i-\bar{y})^2/(n-k-1)}=\frac{R^2/k}{(1-R^2)/(n-k-m)}\sim F(k,n-k-1)$$

式中：k为解释变量的个数，n为样本数。SPSS自动将F值与概率P值相对应，如果P值小于给定的显著性水平α，则拒绝原假设。

4.多元线性回归分析的基本步骤

（1）确定因变量与自变量，并初步设定多元线性回归方程。

（2）估计参数，确定估计多元线性回归方程。

（3）利用检验统计量对回归预测模型进行各项显著性检验。

（4）检验通过后，可利用回归模型进行预测，分析评价预测值。

【实验内容】

大家都知道，软饮料需求受价格、人均收入和季节的影响。因此，可以用经验数据（时间序列数据或截面数据）建立回归方程对需求进行估计，从而针对不同的收入人群、在不同的季节制订不同的生产和销售计划。数据集"data15-1.sav"列出的是美国48个邻近州的截面数据。

此数据集包含州（z）、罐/（人·年）（Y）、6罐装饮料价格（P）、收入/人（I）、平均气温（T）5个变量的48个观测。罐/（人·年）（Y）是每年每人的软饮料需求量，6罐装饮料价格（P）是6罐装饮料的价格，收入/人（I）是人均年收入，平均气温（T）是天气平均温度，这4个变量均为数值型变量。

下面以每年每人的软饮料需求量为因变量，以6罐装饮料的价格、人均收入、平均气温为自变量建立多元线性回归模型，来研究三种影响因素对因变量的影响程度，计算软饮料需求的价格弹性，估计解释变量发生变化时，软饮料需求的变动。

【实验步骤】

1.确定因变量与自变量，初步设定回归方程

以每年每人的软饮料需求量为因变量Y，以6罐装饮料的价格P、人均收入I、平均气温T为自变量建立多元线性回归模型：

$Y=\beta_0+\beta_1 P+\beta_2 I+\beta_3 T+\varepsilon$

2.估计参数，建立回归预测模型

（1）打开数据集"data15-1.sav"，选择菜单：【Analyze】→【Regression】→

【Linear】，弹出如图15-1所示的对话框。

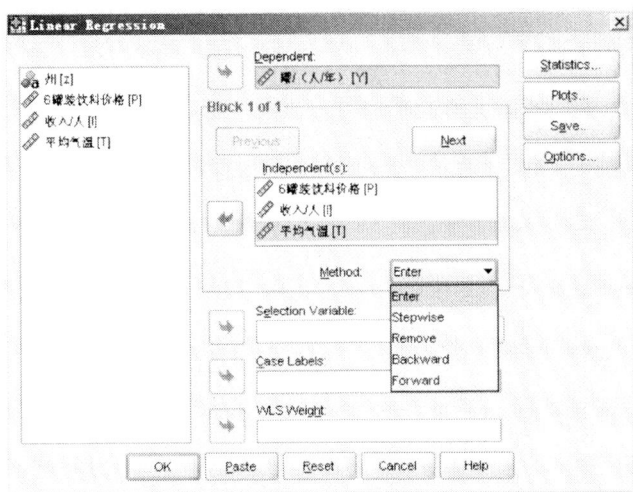

图 15-1　线性回归主对话框（一）

（2）在此对话框中选择罐/（人·年）［Y］进入"Dependent"框内；选择6罐装饮料价格［P］、收入/人［I］、平均气温［T］进入"Independent（s）"框内。需要注意的是，可以通过点击"Previous"与"Next"按钮切换，选择不同的自变量构建模型，每个模型中可以对不同的自变量采用不同的方法进行回归。

（3）在"Method"下拉框中有5个选项，代表5种回归方法。

① "Enter"选项是强行进入法，即所选变量全部进入回归模型，该选项是默认方法。

② "Remove"选项是消去法，建立回归方程时根据设定的条件剔除部分自变量。

③ "Forward"选项是向前选择法，从模型中无自变量开始，然后依据在"Options"对话框中所设定的内容，每次将一个最符合条件的变量引入模型，直至所有符合判断依据的变量都进入模型为止。第一次进入回归模型的变量应该是与因变量的相关系数绝对值最大的变量。如果指定的判断依据是F值，每次将方差分析的F值最大的变量引入模型。

④ "Backward"选项是向后剔除法，先建立全模型，然后根据在"Options"对话框中所设定的判断依据，每次剔除一个最不符合进入模型判断依据的变量，直到回归方程中不再含有不符合判断依据的自变量为止。

⑤ "Stepwise"选项是逐步回归法，它是向前选择法与向后剔除法的结合。根据在"Options"对话框中所设定的判据，选择符合条件且对因变量贡献最大的自变量进入回归方程。然后根据向后剔除法，将模型中F值最小且符合剔除判据的变量剔除出模型，重复进行，直到回归方程中的自变量均符合进入模型的依据，模型外的变量均不符合进入模型判据为止。

这几种回归方法均可选择，最后所得出的有效回归方程表达式应当是相同的。

本实验中选择"Stepwise"选项（如图15-2所示）。

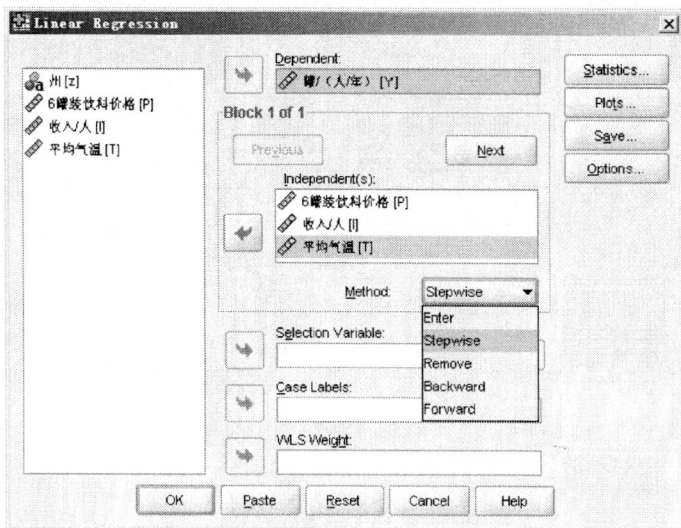

图15-2　线性回归主对话框（二）

（4）点击"Statistics"按钮，弹出如图15-3所示的对话框，输出各种常用判别统计量。

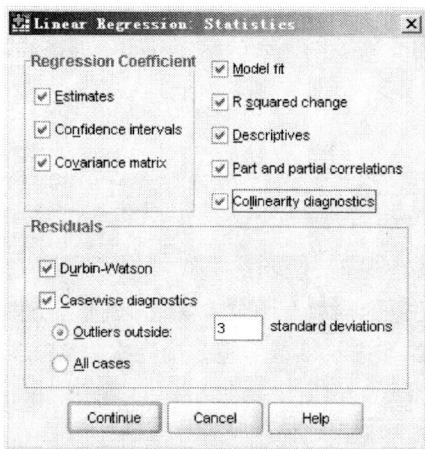

图15-3　输出统计量对话框

①在"Regression Coefficients"框中，选择"Estimates"，输出回归系数、回归系数的标准差、对回归系数检验的t统计量及P值。

②选择"Confidence intervals"，输出每个非标准化回归系数的95%的置信区间。

③选择"Covariance matrix"，输出非标准化回归系数的协方差矩阵、各变量的相关系数矩阵。

④选择"Model fit"，输出各种默认值：判定系数、调整的判定系数、回归方程的标准误差、回归方程显著的F检验的方差分析表。

⑤选择 "R squared change" 复选项，输出当回归方程中引入或剔除一个变量后 R^2 的变化，如果该变化较大，说明进入和从方程中剔除的可能是一个较好的回归自变量。

⑥选择 "Descriptives" 选项输出的是合法观测量的数量、变量的平均值、标准差、相关系数矩阵及单侧检验显著性水平矩阵。

⑦选择 "Part and partial correlations" 选项，输出部分相关系数、偏相关系数与零阶相关系数。

⑧选择 "Collinearity diagnostics" 选项，输出用来诊断自变量共线性的各种统计量，如容忍度、方差膨胀因子、特征值、条件指标、方差比例等。其中，容忍度 Tolerance 越接近于 0，表示复共线性越强，越接近于 1，复共线性越弱。方差膨胀因子 VIF 的值越接近于 1，解释变量之间的多重共线性越弱，如果 VIF 值大于或等于 10，说明一个解释变量与其他解释变量之间有严重的多重共线性。条件指数判断法，实为比较最大特征根与第 i 个特征根比值的大小，即第 i 个条件指标 $k_i = \sqrt{\dfrac{\lambda_m}{\lambda_i}}$。如果 $0 \le k_i < 10$，认为多重共线性较弱；如果 $10 \le k_i < 100$，认为多重共线性较强；如果 $k_i \ge 100$，认为多重共线性严重。在诊断自变量的多重共线性时往往需要综合考虑多个判断指标。

⑨在 "Residuals" 框中，选择 "Durbin-Watson" 选项，判断相邻残差序列的相关性（截面数据一般不存在序列相关性）。

⑩选择 "Casewise diagnostics" 选项，要求进行样本奇异值判断，并在 "Outliers outside" 的参数框中键入 "3"，设置观测标准差大于等于 3 的奇异值。

（5）点击 "Continue"，返回主对话框。

（6）在主对话框中点击 "Plots" 按钮，弹出如图 15-4 的对话框，该对话框主要通过图形进行残差序列分析。

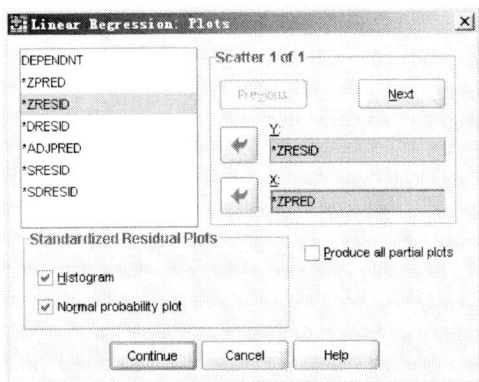

图 15-4　选择图形对话框

①选取 "*ZRESID" 为 Y 轴，"*ZPRED" 为 X 轴绘制图形，研究观测变量的分布规律、异常值，点击 "Next" 可以选择其他组合进行观测。

②在"Standardized Residual Plots"框中选择"Histogram",输出带有正态曲线的标准化残差的直方图。

③选择"Normal probability plot"输出标准化残差图,观测残差波动幅度。

(7)点击"Continue",返回主对话框。

(8)在主对话框中点击"Save"按钮,弹出如图15-5所示的对话框,该对话框的操作主要是保存一些统计量值。

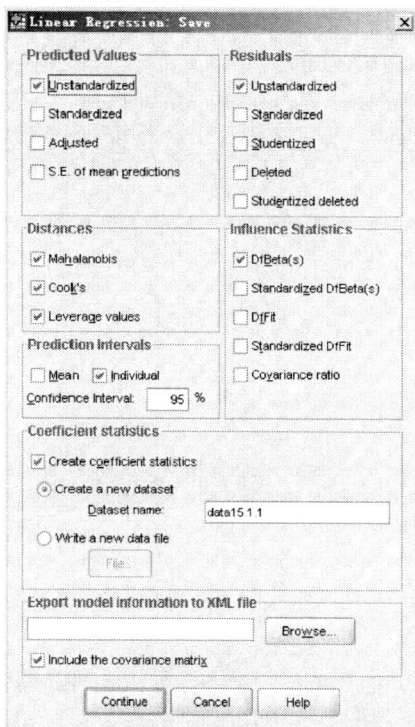

图15-5 保存变量对话框

①在"Predicted Values"框中选择"Unstandardized",输出由方程计算出的因变量的非标准化预测值。

②在"Distances"框中,选择"Mahalanobis",计算马氏距离;选择"Cook's",计算Cook距离;选择"Leverage values",计算中心化杠杆值。由这些距离的计算找到强影响点和高杠杆点。

③在"Prediction Intervals"框下选择输出预测区间。选择"Individual"项,将输出个别值预测区间。

④在"Residuals"框中,选择"Unstandardized"项,输出非标准化残差。

⑤通过"Influence Statistics"框中的选项,输出强影响点的统计量,选择"DfBeta(s)"观测因排除一个特定的观测值所引起的回归系数的变化值。一般情况下,如果此值大于临界值$2/\sqrt{n}$,则认为被排除的观测值有可能是影响点。

⑥在"Coefficient Statistacs"框中选择"Create Coefficient Statistacs",将回归系数保存在一个指定的文件中。

⑦选择"Export model information to XML file",可将模型的信息输出到指定的文件夹中。

(9)点击"Continue"按钮,返回主对话框。

(10)在主对话框中点击"Options"按钮,弹出如图15-6所示的对话框。

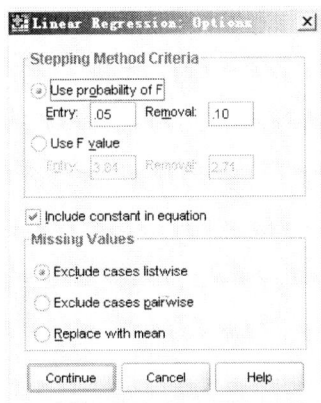

图15-6　选择对话框

①在"Stepping Method Criteria"框中,选择"Use probability of F"项,采用F检验的概率值作为依据。系统默认的 Entry 值为0.05,Removal 值为0.10。当一个变量的 Sig 值≤Entry 值时,该变量被引入方程,当一个变量的 Sig 值≥Removal 值时,该变量从方程中剔除。

②选择"Include constant in equation"选项,在回归方程中加入常数项。

③在"Missing Values"框中,选择"Exclude cases listwise"项,排除缺失值。

(11)点击【Continue】→【OK】,系统输出全部结果(略)。

【问题思考】

1.在回归方程中省略价格因素,观察其对收入参数的估计造成的影响。

2.现在从回归方程中同时省略价格和温度,是否可以制订一个旨在把大多数饮料罐装机安排在低收入地区的营销计划?为什么?

3.本实验中的数据代表可口可乐的消费与价格,如果把百事可乐的价格加到回归模型之中可能会产生什么问题?

4.如果选取的三个自变量出现了多重共线性,如何修正模型?

【实验总结】

结合实验内容重复上述操作步骤，观察、整理、分析输出结果，得出分析结论，撰写一份分析报告。

实验十六　曲线估计

希望建立一些有用的模式，来为政策制定人提供一种分析。有时候制定政策，我们不能够完全肯定未来它会产生什么样的结果。但是，我们要尽可能把这个具体结果分析出来。因为，经济政策是非常重要的，可以引申出很多政策解释方面的问题。

——克莱夫·格兰杰

【实验目的】

1.准确理解曲线回归的方法原理。

2.了解如何将本质线性关系模型转化为线性关系模型进行回归分析。

3.熟练掌握曲线估计的 SPSS 操作。

4.掌握如何就样本数据在 11 种不同的曲线模型中选择建立简单又适合的模型。

5.掌握建立合适曲线模型的判断依据。

6.掌握如何利用曲线回归方程进行预测。

7.培养运用曲线估计解决身边实际问题的能力。

【准备知识】

1.非线性模型的基本内容

变量之间的非线性关系可以划分为本质线性关系和本质非线性关系。所谓本质线性关系是指变量关系形式上虽然呈非线性关系，但可以通过变量变换转化为线性关系，并可最终进行线性回归分析，建立线性模型。本质非线性关系是指变量之间不仅形式上呈非线性关系，而且也无法通过变量变换转化为线性关系，最终无法进行线性回归分析，建立线性模型。本实验针对本质线性模型进行。

本质线性模型的类型划分见表 16-1。

表 16-1　　　　　　　　　　　　　　**本质线性模型的类型**

模型名	回归方程	线性转化形式
二次曲线（Quadratic）	$y=\beta_0+\beta_1 x+\beta_2 x^2$	$y=\beta_0+\beta_1 x+\beta_2 x_1$（令 $x_1=x^2$）
复合曲线（Compound）	$y=\beta_0\beta_1^x$	$\ln(y)=\ln(\beta_0)+\ln(\beta_1)x$ 或 $y_1=\beta'_0+\beta'_1 x$（令 $y_1=\ln(y)$， $\beta'_0=\ln(\beta_0)$，$\beta'_1=\ln(\beta_1)$）
增长曲线（Growth）	$y=e^{\beta_0+\beta_1 x}$	$\ln(y)=\beta_0+\beta_1 x$ 或 $y_1=\beta_0+\beta_1 x$（令 $y_1=\ln(y)$）
对数曲线（Logarithmic）	$y=\beta_0+\beta_1\ln(x)$	$y=\beta_0+\beta_1 x_1$（令 $x_1=\ln(x)$）
三次曲线（Cubic）	$y=\beta_0+\beta_1 x+\beta_2 x^2+\beta_3 x^3$	$y=\beta_0+\beta_1 x+\beta_2 x_1+\beta_3 x_2$ （令 $x_1=x^2$，$x_2=x^3$）
S曲线（S）	$y=e^{\beta_0+\frac{\beta_1}{x}}$	$\ln(y)=\beta_0+\beta_1 x_1$ （令 $x_1=\dfrac{1}{x}$）
指数曲线（Exponential）	$y=\beta_0 e^{\beta_1 x}$	$\ln(y)=\ln(\beta_0)+\beta_1 x_1$
逆函数（Inverse）	$y=\beta_0+\dfrac{\beta_1}{x}$	$y=\beta_0+\beta_1 x_1$ （令 $x_1=\dfrac{1}{x}$）
幂函数（Power）	$y=\beta_0(x^{\beta_1})$	$\ln(y)=\ln(\beta_0)+\beta_1 x_1$ （令 $x_1=\ln(x)$）
逻辑函数（Logistic）	$y=\dfrac{1}{\dfrac{1}{\mu}+\beta_0\beta_1^x}$	$\ln\left(\dfrac{1}{y}-\dfrac{1}{\mu}\right)=\ln(\beta_0+\ln(\beta_1)x)$

注：β_0 为常数项，解释变量的系数均为回归系数。

2.曲线估计的基本步骤

（1）绘制因变量与自变量的散点图，大致确定非线性关系的类型。

（2）选择多个曲线回归预测模型，估计参数。

（3）利用输出的检验统计量对回归预测模型进行各项显著性检验。

（4）选择一种最适合的曲线模型进行预测。

（5）分析评价预测效果。

【实验内容一】

　　税收收入模型的设计和建立是近几年新的尝试，这适合我国以流转税为主体的税制结构。由于个别年份税收收入受一些政策性因素、行政性和不可预见性因素的影响，所以在建立模型来分析各种因素对税收收入的影响机理和影响程度时，不仅要使模型预测的结果能准确反映税收收入实际，而且要使模型预测体系能对经济、政策变化所造成的税收收入变动进行精确的动态模拟分析，从而为税收管理和政府决策提供科学依据。

　　综观国内外关于税收收入预测的研究可知，不同学者从不同的视角关注税收收入问题，并构建了多种预测模型。有的从税收自身角度建立模型，预测税收收入，有的从社会经济因素与税收收入关系角度来建立模型，预测税收收入，预测模型多种多样、差异很大，但以时间因素为外生变量建立曲线模型来预测税收收入的文献相对较少，用各种曲线模型比较税收预测精度的研究就更少了。在本实验中我们截取了全国税收活动比较稳定的连续20年的税收收入数据，建立了多个曲线模型，并用来预测此后两年的税收收入，再通过比较预测误差，最终确定了一种预测误差最小的曲线模型作为税收收入预测模型，力求为税收理论研究与税收工作实践提供一个有效工具。

　　本数据集包含年度（n）和税收收入现值（y）2个变量的20个观测（参见数据集"data16-1.sav"）。

【实验步骤一】

　　1.制作散点图

　　（1）打开数据集"data16-1.sav"，选择菜单：【Graphs】→【Scatter】→【Simple Scatter】，弹出如图16-1所示的"Simple Scatterplot"对话框。

　　（2）在此对话框中，选择税收收入现值［y］进入"Y Axis"框内；选择年度［n］进入"X Axis"框内。

　　（3）点击"OK"，输出散点图如图16-2所示。

　　可以判断出税收收入现值随年度的增长而呈非线性增长，但还不能确定具体是哪种曲线模型最接近样本数据。下面依据最优非线性模型的判断统计量来选择最优曲线模型。

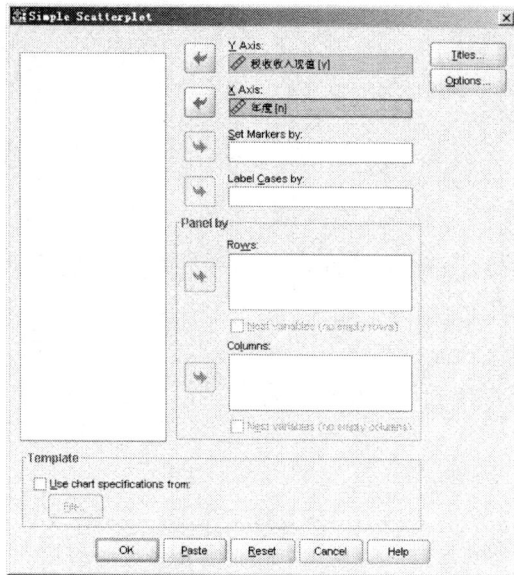

图 16-1　"Simple Scatterplot" 对话框

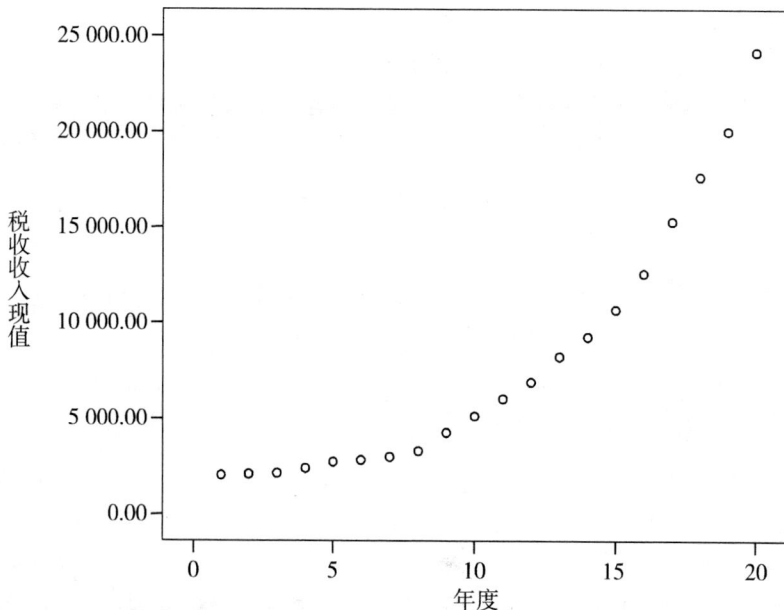

图 16-2　税收收入现值随时间变化的趋势图

2.选择最优曲线估计

（1）选择菜单：【Analyze】→【Regression】→【Curve Estimation】，弹出如图 16-3 所示的对话框。

（2）在此对话框中的"Models"框下，选择与税收收入趋势线相近的几种模型，本实验可选择"Quadratic""Compound""Growth""Cubic""Exponential""Power"六种曲线模型进行比较分析。

图 16-3　曲线估计对话框

（3）选择"Plot models"选项，绘制所选择的各种回归线，比较与数据的拟合效果。

（4）选择"Include constant in equation"选项，使回归模型中包含常数项。

（5）选择"Display ANOVA table"选项，输出模型的方差分析表和各项回归系数显著性检验结果。

（6）点击"Save"按钮，弹出如图 16-4 所示的"Curve Estimation：Save"对话框。选择"Predicted values"选项，保存预测值；选择"Residuals"选项，保存残差；选择"Prediction intervals"选项，保存预测值默认 95% 置信区间的上限和下限值。

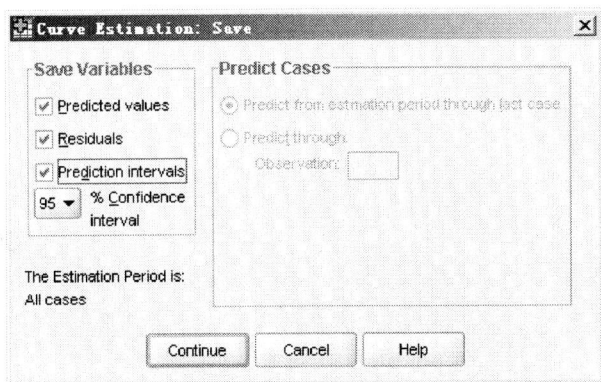

图 16-4　保存对话框

（7）点击【Continue】→【OK】，输出结果（略）。

3.做出统计决策

结合图16-5以及各个曲线估计过程其余的输出结果，比较各个回归方程显著性检验的F值和P值、判定系数 R^2 等统计量，选择出最优拟合模型。

税收收入现值

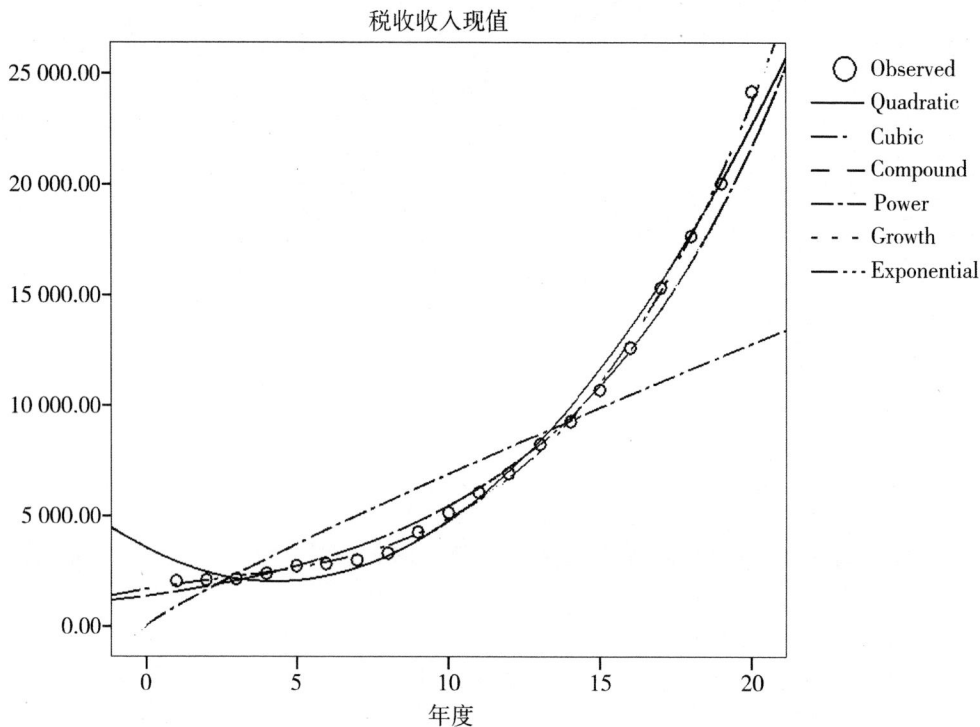

图16-5　税收收入六种预测模型图

【实验内容二】

已有很多学者验证了能源消费与经济增长的因果关系，证明了能源消费是促进经济增长的原因之一。也有众多学者利用C-D生产函数验证了劳动和资本对经济增长的影响机理。所有这些研究都极少将劳动、资本和能源建立在一个模型中来研究三个因素对经济增长的作用方向和作用大小。

现从我国能源消费、全社会固定资产投资和就业人数的实际出发，假定生产技术水平在短期内不会发生较大变化，经济增长、全社会固定资产投资、就业人员、能源消费可以分别采用国内生产总值、全社会固定资产投资总量、就业总人数、能源消费总量进行衡量，并假定经济增长与能源消费、资本和劳动力的关系均满足

C-D生产函数。

问题中的C-D生产函数为：

$$Y=AK^{\alpha}L^{\beta}E^{\gamma}$$

式中：Y为GDP，衡量总产出；K为全社会固定资产投资，衡量资本投入量；L为就业人数，衡量劳动投入量；E为能源消费总量，衡量能源投入量；A，α，β，γ为未知参数。根据C-D函数的假定，一般情形是α，β，γ均在0和1之间，但当α，β，γ中有负数时，说明这种投入量的增长，反而会引起GDP的下降，当α，β，γ中出现大于1的值时，说明这种投入量的增加会引起GDP成倍增加，这在现在的经济现象中都是存在的。

我们以我国1985—2004年的有关数据建立了另一个SPSS数据集，参见数据集"data16-2.sav"。请你以此数据集为基础估计生产函数中的未知参数。

【实验步骤二】

1.确定非线性回归模型的类型

由上述分析过程确定要建立的回归模型为：

$$Y=AK^{\alpha}L^{\beta}E^{\gamma}$$

式中：Y为因变量；K，L，E为解释变量；A为常数项。

2.通过变换将非线性方程转化为线性方程

本实验中建立的模型在形式上不属于表中的任何一种曲线模型，但属于本质线性模型，可将其转化为多元线性回归模型。

$$Y=AK^{\alpha}L^{\beta}E^{\gamma}$$

两边同时取对数：

$$\ln Y=\ln A+\alpha\ln K+\beta\ln L+\gamma\ln E$$

得：

$$y=c+\alpha x_1+\beta x_2+\gamma x_3$$

式中：$y=\ln Y$，$c=\ln A$，$x_1=\ln K$，$x_2=\ln L$，$x_3=\ln E$。

3.用最小二乘法建立回归方程

由非线性模型转化为线性模型后，即可按照建立多元线性回归模型的步骤进行操作，求得回归方程表达式（操作步骤略）。

4.进行逆变换，将线性方程转换为需要的非线性方程

执行完步骤3之后，得到多元线性回归模型的回归系数，进行步骤2的逆变换，求得最初建立的曲线模型的回归系数，从而将多元线性方程转换为要求的曲线方程。

【问题思考】

1.在实验内容一中，试将从社会经济因素与税收收入关系角度来建立税收收入预测模型与从税收自身角度建立的模型进行比较，评价模型预测精度。

2.在实验内容一中，试将税收收入现值用价格指数调整为真实值，思考税收收入数据真实值的近似模型。

3.在实验内容一中，若出现两个曲线模型的拟合效果都较好的情况，如何选择最优模型？

4.完成实验内容二中的SPSS操作步骤。

5.在实验内容二中，将多元非线性回归模型转化为多元线性模型后，如何解释各回归系数的意义？

6.在实验内容二中，如何就回归系数的显著性与不显著性解释全社会固定资产投资、劳动和能源消费对经济增长的贡献。

7.在实验内容二中，经济增长对能源消费是否有非线性影响？

【实验总结】

全面整理和分析本实验中各个步骤的输出结果，撰写一份分析报告。

实验十七　时间序列分析

> 如果非平稳变量之间存在协整关系，那么必然可以建立误差修正模型；而如果非平稳变量可以建立误差修正模型，那么该变量之间必然存在协整关系。
>
> ——克莱夫·格兰杰

克莱夫·格兰杰（Clive Granger，生于 1934 年）：美国著名经济学家、统计学家。出生于英国威尔士，早期就读于诺丁汉大学，接受当时英国第一个经济学数学双学位教育，1955 年留校任教，1957 年在天文学杂志上发表了第一篇论文——《关于太阳黑子活动的一个统计模型》。1959 年在诺丁汉大学获得统计学博士学位。在 20 世纪 60 年代早期，格兰杰去普林斯顿大学做访问学者，在著名学者约翰·图基（John Tukey）和奥斯卡·摩根斯坦（Oscar Morgenstein）门下深造。1974 年移居美国，成为圣地亚哥加州大学经济学院教授。随后，他开创了该学院的计量经济学研究工作，并使之成为全世界最出色的计量经济学研究基地之一。他的论文几乎涵盖了过去 40 年间该领域的主要进展，主要著作有《经济时间数列的谱分析》《股价的可预测性》《商品价格的投机、套利和预测》《经济时间数列预测》《双线性时间数列模型导论》《经济序列建模：经济计量方法阅读材料》《经济学的实证建模：设定和估计》等。高中时期，在所有学生公开表达自己理想的一次机会上，格兰杰因为一时口吃随口说出了"统计学家"一词，按他自己的话说，那一时的口吃决定了他将来的职业。他与美国经济学家罗伯特·恩格尔（Robert F. Engle）同获 2003 年诺贝尔经济学奖。

【实验目的】

1.准确理解时间序列分析的方法原理。

2.学会使用SPSS建立时间序列变量。

3.学会使用SPSS绘制时间序列图以反映时间序列的直观特征。

4.掌握时间序列模型的平稳化方法。

5.掌握时间序列模型的定阶方法。

6.学会使用SPSS建立时间序列模型与短期预测。

7.培养运用时间序列分析方法解决身边实际问题的能力。

【准备知识】

1.时间序列的含义

从统计意义上讲，时间序列是将一个变量在不同时间上的不同数值按时间先后排列而成的数列。从数学意义上讲，设 X_t（$t \in T$）是一个随机过程，X_i（$i=1$, 2, $\cdots$, n）是 X_t 在时刻 i 对过程 X_t 的观察值，则称 X_i 为一次样本实现，也就是一个时间序列。从系统意义上讲，时间序列就是某一系统在不同时间（地点、条件等）的响应。

2.时间序列的平稳性

判断一个时间序列是否平稳，要看其在不同时刻的分布函数是否完全一致。如果将条件放宽些，则要看其一、二阶矩是否与时间的变化无关，但在实际中，我们常常从平稳性的直观意义出发或利用间接反推的方法来判断序列的平稳性。具体的方法有数据图检验法，自相关、偏自相关函数检验法，特征根检验法，参数检验法，逆序检验法，游程检验法等。其中，自相关、偏自相关函数检验法是比较常用的方法。

自相关、偏自相关函数检验法的检验准则是：如果一个序列零均值化后的自相关函数或偏自相关函数截尾或者拖尾，则可以判断该序列是平稳的。若该序列的自相关函数或偏自相关函数出现了缓慢衰减或周期性衰减的情况，则说明该序列可能出现了某种趋势或周期性，为非平稳时间序列。

对于非平稳时间序列，我们需要将其平稳化。平稳化的方法主要有差分、季节差分、对数变换与差分运算的结合运用等。其中，差分用于消除时间序列的趋势性。一般而言，一次差分可以将序列中的线性趋势去掉，二次差分可以将序列中的抛物线趋势去掉，依此类推。季节差分则用于消除时间序列的周期性。

3.平稳时间序列模型

平稳时间序列模型有三种：自回归模型、移动平均模型和自回归移动平均模型。其中，自回归模型和移动平均模型又可以看作自回归移动平均模型的特例。

4.ARMA模型的识别

ARMA模型的识别是指从各种模型中选择一个与其实际过程相吻合的模型结果，也就是模型的识别问题。

ARMA模型的识别方法有很多，有残差、方差图定阶法，F检验法，自相关、偏自相关函数法，最佳准则法等。其中，由Box-Jenkins提出的自相关、偏自相关函数法是常用的模型识别方法。该方法是根据样本自相关、偏自相关函数的截尾、拖尾来判断序列适合的模型类型。

（1）若样本自相关函数在q步截尾，并且偏自相关函数被负指数函数控制收敛到零，则可判断该时间序列为MA（q）序列。

（2）若样本偏自相关函数在p步截尾，并且自相关函数被负指数函数控制收敛到零，则可判断该时间序列为AR（p）序列。

（3）若样本偏自相关函数和自相关函数均不截尾，且被负指数函数控制收敛到零，则可判断该时间序列为ARMA序列。

（4）如果样本偏自相关函数和自相关函数均无上述特征，而是出现了缓慢衰减或周期性衰减等情况，则说明该时间序列是非平稳的。

5.ARMA模型阶数的参数估计

参数估计是指根据已掌握的一组样本数据序列对ARMA模型的参数做出估计和判断。ARMA模型的参数估计方法主要有矩估计、最小二乘估计和极大似然估计。在这三种方法中，极大似然估计的参数精度较高，而最小二乘估计则为最常用的估计方法。

6.ARMA模型的适应性检验

模型适应性是指一个ARMA模型已经或基本上解释了系统的动态性，模型中的残差序列是独立的。因此，模型适应性检验实质上就是残差序列的独立性检验。ARMA适应性检验的常用方法有散点图法、估计相关系数法、F检验、卡方检验等。

【实验内容】

就业问题是中国21世纪所面对的一个具有挑战性的难题。近年来，劳动就业的供需矛盾，以及伴随着经济结构调整和产业升级所产生的行业性失业和结构性失业，使辽宁省同样面临着十分严峻的就业问题。统计资料显示，至2003年8月，辽宁省城镇登记失业人员达83万人，城镇有就业需求的人员达160万人，这还不包括农村的大量剩余劳动力。只有缓解日益严峻的就业压力，辽宁经济才能持续、快速、健康地发展。如何更好地利用现有的劳动力资源，增加就业，改善其结构，提高其效率，促进经济增长，是我们必须面对的重要课题。

就业理论研究中的一个重要问题是就业总量预测，但人口经济的理论和实践表明，就业总量往往受到许多因素的制约，这些因素之间又有着错综复杂的联系。因此，运用结构性的因果模型分析和预测就业总量往往是比较困难的。时间序列分析中的自回归求积移动平均法（ARIMA）则是一个较好的选择。对于时间序列的短期预测来说，随机时序模型 ARIMA 是一种精度较高的模型。

我们搜集到辽宁省历年（1969—2005）从业人员人数的数据资料，参见数据集"data17-1.sav"。请你以此数据为基础建立一个就业总量预测的时间序列模型，并用此模型来预测就业总量的未来发展趋势。

【实验步骤】

1. 建立时间序列

（1）打开数据集，定义时间序列变量。本实验中应当定义的时间序列变量为从业人数（x）。

（2）定义时间序列周期。选择菜单：【Data】→【Define Dates】，弹出如图17-1所示的"Define Dates"对话框。在此对话框中定义时间序列周期。由于本实验数据的周期为年，所以在"Cases Are"框下选择"Years"，并填入时间序列的起始年份1969。

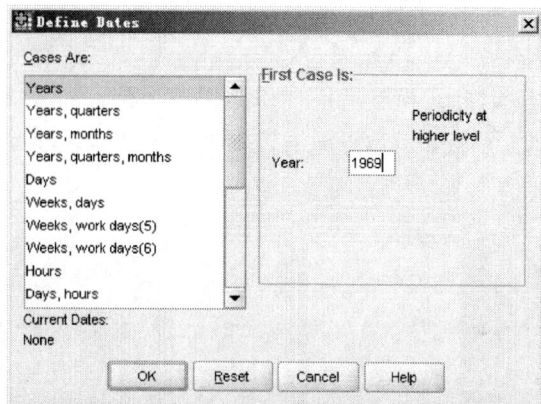

图17-1 定义数据的主对话框

（3）点击"OK"。系统自动定义一个时间变量"YEAR_"。

（4）在数据浏览界面输入时间序列变量的观测值，即可得到一个完整的SPSS时间序列数据集（参见数据集"data17-1.sav"）。

2.时间序列的自相关与偏自相关函数图

（1）选择菜单：【Analyze】 → 【Time Series】 → 【Autocorrelations】，弹出如图17-2所示的对话框。

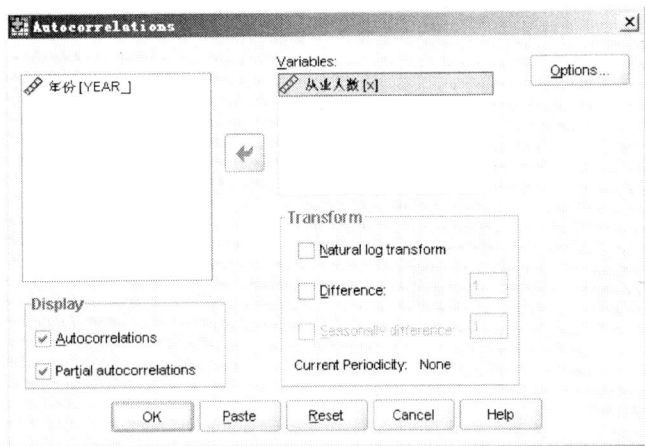

图17-2　生成自相关与偏自相关函数图的对话框

（2）选择从业人数［x］进入"Variables"框内。"Transform"框下的"Natural log transform"表示对原序列做自然对数变换后序列的自相关和偏自相关函数图；"Difference"表示对原序列取差分后的序列的自相关和偏自相关函数图；"Seasonally difference"表示对原序列取季节差分后的序列的自相关和偏自相关函数图。实验中可根据需要进行选择。

3.平稳性判断

如果序列的自相关函数或偏自相关函数既不是拖尾，也不是截尾，此时可以判断该序列为非平稳序列。对于非平稳序列需要通过差分（或季节差分）变换，直到差分序列（或季节差分序列）的自相关和偏自相关函数为截尾或拖尾。一阶差分运算的建立可以通过"Transform"下拉菜单中的"Create Time Series"过程进行。通过定义转换函数为"Difference"，取"Order"等于1来实现。差分过程的操作步骤如下：

（1）选择菜单：【Transform】 → 【Create Time Series】，弹出如图17-3所示的对话框。

（2）二阶差分变量的建立只需要重复这一步骤，将"Order"的值设为"2"，依此类推。

4.ARMA模型阶数的判定

按照自相关函数、偏自相关函数法对平稳化后的时间序列的ARMA模型的阶数进行判定。模型阶数判定后就可以进行ARMA模型的参数估计。

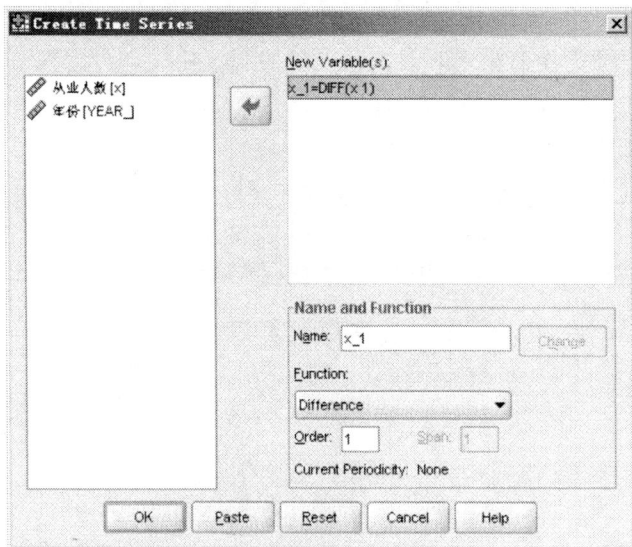

图17-3 差分变换的对话框

5.ARIMA模型的建立

（1）选择菜单：【Analyze】→【Time Series】→【Create Models】，弹出如图17-4所示的"Time Series Modeler"对话框。

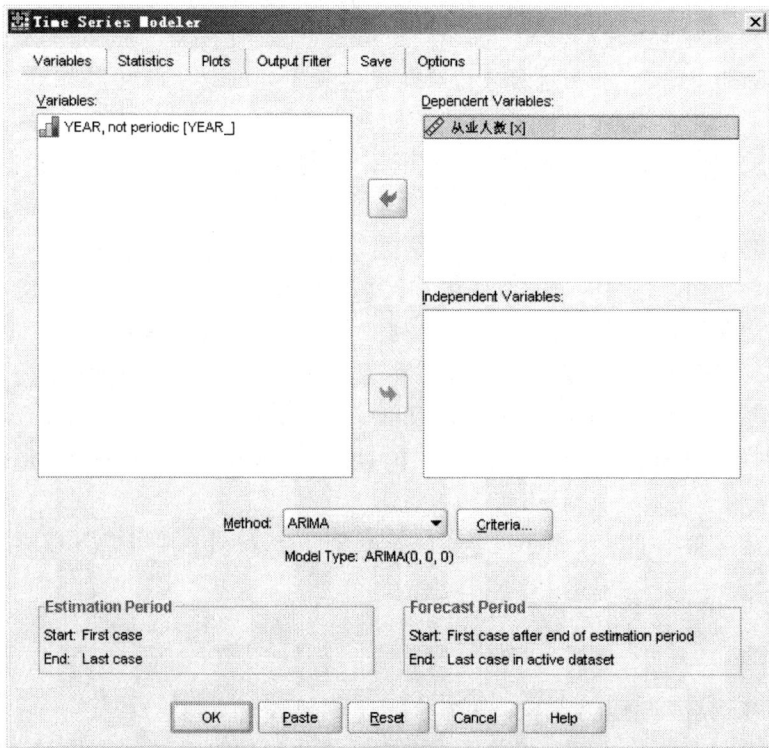

图17-4 ARIMA模型对话框

（2）选择因变量从业人数［x］进入"Dependent Variables"框中。在下拉菜单"Method"中选择"ARIMA"。

（3）点击"Criteria"，在弹出的如图17-5所示的"Time Series Modeler：ARIMA Criteria"对话框中设定ARIMA模型的三个参数："Autoregressive"、"Difference"和"Moving Average"。它们分别为p、d、q值。

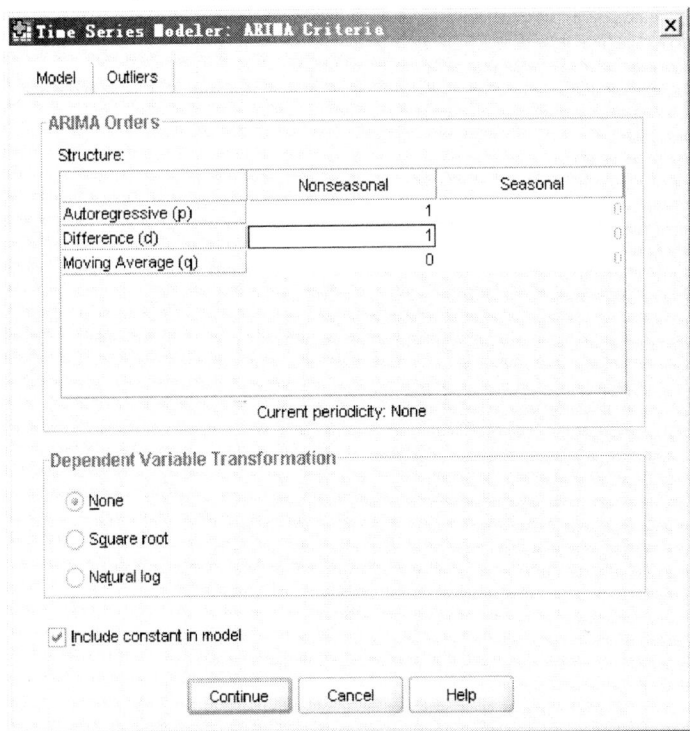

图17-5　ARIMA Criteria对话框

①p值框中输入的是模型中的自回归参数的阶数，必须取大于或等于零的整数。本实验中P取值为1。

②d值框中输入的是模型中用来产生平稳时间序列的差分的阶数，必须取大于或等于零的整数，如果时间序列本身为平稳化序列，则输入0。本实验中d取值为1。

③q值框中输入的是模型中的移动平均过程的阶数，必须取大于或等于零的整数。本实验中q取值为0。

（4）如果在回归方程中不需要包括常数项，可不选"Include constant model"复选项。点击"Continue"按钮，返回上一级菜单。

（5）单击图17-4中的"Save"按钮，弹出如图17-6所示的"Save Variables"对话框，从中可以选择预测值、残差、置信上限和置信下限等，可单选，也可多选。本实验中选择预测值"Predicted"选项。如果需要做出估计区间，也可同时选择"LCL"和"UCL"选项。

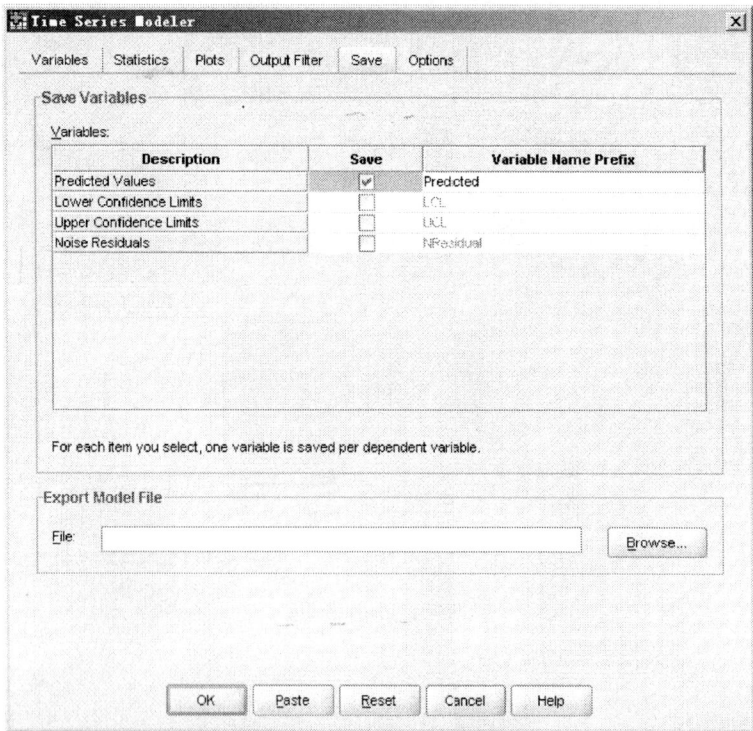

图 17-6　Save Variables 对话框

（6）单击图 17-4 中的"Statistics"按钮，弹出如图 17-7 所示的"Time Deries Modeler Statistics"对话框。在其中的"Statistics for Comparing models"框下选择参数估计"Parameter estimates"选项。

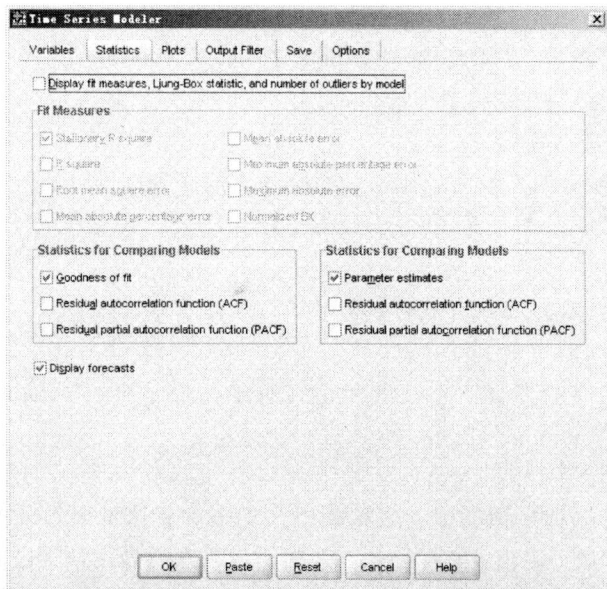

图 17-7　Time Deries Modeler Statistics 对话框

（7）点击"OK"，系统输出的参数估计结果由表17-1所示。2006—2010年的短期预测结果如图17-8和图17-9所示。

表 17-1   参数估计结果

	Estimates	Std.Error	t	Approx Sig
Non-Seasonal Lags AR1	.463	.150	3.086	.004
Constant	29.256	11.123	2.631	.013
Difference	1			

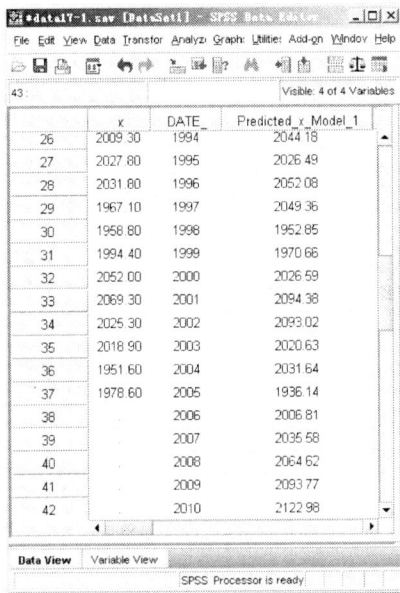

图 17-8   短期预测结果

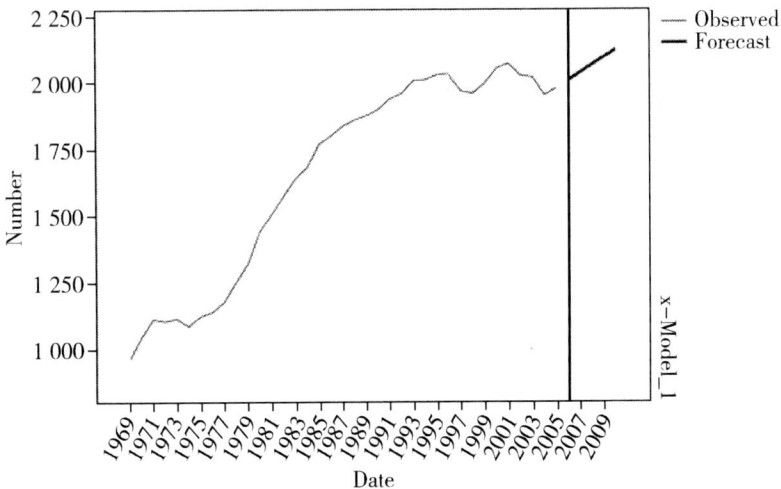

图 17-9   短期预测结果图示

【问题思考】

1.根据实验得到的参数及预测值，你如何认识辽宁省未来几年的劳动力需求趋势？你能够提出相应的解决对策吗？

2.你能根据 ARIMA 模型的误差序列判断模型的适应性如何吗？如果模型的误差序列不能满足独立的假设，你该怎么办？

3.在本实验中，辽宁省劳动力数量序列为趋势非平稳，试问如果某一序列为季节非平稳或者既有趋势非平稳又有季节非平稳，你如何才能将该序列平稳化？

4.你能否利用所学过的其他方法对辽宁省就业趋势进行预测，如平滑法预测、回归模型预测等，并将其结果与 ARIMA 模型的结果进行比较？

5.除了 ARIMA 模型之外，是否有其他更有效的短期预测方法？

6.如果我们将研究的样本扩大到1952年，那么数据中将有三个缺失值，此时，你准备采取何种方法予以补足？

7.观测输出结果，你认为 ARIMA （1，1，0） 作为辽宁省就业总量的预测模型是否合适？

8.利用此模型进行短期预测，预测结果符合辽宁省就业的实际情况吗？

【实验总结】

结合实验内容重复上述操作步骤，观察、整理、分析输出结果，得出分析结论。以本实验为出发点，查阅有关资料，撰写一份关于辽宁省就业现状、未来趋势及缓解辽宁省就业压力途径的论文。

实验十八　层次聚类

如今丰富的、不断增长的知识财富遍布全球，这些知识可以解决我们现在面临的所有难题，只可惜它们是分散而无序的。我们需要为思想建立一个智力交换所：一个接收、分类、整理、汇总、吸收、澄清和比较知识及想法的地方。

——赫·乔·韦尔斯

【实验目的】

1.准确理解聚类分析及层次聚类的方法原理。
2.掌握定距型数据分类时样品之间距离和变量之间相似性的计算方法。
3.了解掌握七种层次聚类方法的区别与联系。
4.熟练掌握层次聚类分析的SPSS操作。
5.培养运用聚类分析方法解决身边实际问题的能力。

【准备知识】

1.聚类分析及层次聚类的基本思想

聚类分析是定量研究分类问题的一种多元统计方法。所谓类，通俗地说，就是指相似元素的集合。聚类分析能够将样品或变量根据其诸多特征，按照性质上的亲疏程度进行自动分类，产生多个分类结果。类内部个体特征具有相似性，不同类间个体特征的差异性较大。对样品分类称为Q-型聚类分析，对变量分类称为R-型聚类分析。聚类分析内容非常丰富，有层次聚类、K-Means聚类、有序样品聚类、模糊聚类、图论聚类、聚类预报等。其中，层次聚类是聚类分析中应用最广泛的一种方法。

2.定距型数据分类的距离和相似性计算

为了将样品或变量进行分类，需要研究样品之间的关系。用得最多的方法有两种：一种方法是用相似系数，性质越接近的样品，相似系数的绝对值越接近1，而彼此无关的样品，相似系数的绝对值接近于0。相似的样品归为一类，不相似的样品归为不同的类。另一种方法是将一个样品看作p维空间的一个点，并在空间中定义距离，距离较近的点归为一类，距离较远的点归为不同的类。

（1）Q-型聚类常用的距离。

如果把n个样品看成p维空间中的n个点，则两个样品间的相似程度可用p维空间中两点的距离来度量。令d_{ij}表示样品x_i与x_j的距离。常用的距离有：

①明氏（Minkowski）距离：

$$d_{ij}(q) = (\sum_{a=1}^{p} |x_{ia} - x_{ja}|^q)^{\frac{1}{q}}$$

式中：q的改变，使较大或较小差值的权值随之改变。

当q=1时：

$$d_{ij}(1) = \sum_{a=1}^{p} |x_{ia} - x_{ja}|$$

此为绝对（Block）距离。

当q=2时：

$$d_{ij}(2) = (\sum_{a=1}^{p} |x_{ia} - x_{ja}|^2)^{\frac{1}{2}}$$

此为欧氏（Euclidean）距离，如果对欧氏距离作平方就得到平方欧氏距离（squared Euclidean distance）。

当q=∞时：

$$d_{ij}(\infty) = \max_{1 \le a \le p} |x_{ia} - a_{ja}|$$

此为切比雪夫（Chebychev）距离。

②马氏（Mahalanobis）距离：

设 $\sum$ 表示指标的协差阵，即：

$$\sum = (\sigma_{ij})_{p \times p}$$

其中，

$$\sigma_{ij} = \frac{1}{n-1} \sum_{a=1}^{n} (x_{ai} - \bar{x}_i)(x_{aj} - \bar{x}_j), \quad i,j = 1,\cdots,p$$

$$\bar{x}_i = \frac{1}{n} \sum_{a=1}^{n} x_{ai}, \bar{x}_j = \frac{1}{n} \sum_{a=1}^{n} x_{aj}$$

如果$\sum^{-1}$存在，则两个样品之间的马氏距离为：

$$d_{ij}^2(M) = (x_i - x_j)' \sum{}^{-1} (x_i - x_j)$$

（2）R-型聚类常用的相似系数。

如果把p个变量看成n维空间中的p个点，则两个变量间的相似程度可用相似系数来度量。

①夹角余弦：

将任何两个变量 x_i 与 x_j 看成 n 维空间中的两个向量，这两个向量的夹角余弦用 $\cos\theta_{ij}$ 表示，则：

$$\cos\theta_{ij} = \frac{\sum_{a=1}^{n} x_{ai} x_{aj}}{\sqrt{\sum_{a=1}^{n} x_{ai}^2 \cdot \sum_{a=1}^{n} x_{aj}^2}}, -1 \leq \cos\theta_{ij} \leq 1$$

②相关系数：

$$r_{ij} = \frac{\sum_{a=1}^{n}(x_{ai} - \bar{x}_i)(x_{aj} - \bar{x}_j)}{\sqrt{\sum_{a=1}^{n}(x_{ai} - \bar{x}_i)^2 \cdot \sum_{a=1}^{n}(x_{aj} - \bar{x}_j)^2}}, -1 \leq r_{ij} \leq 1$$

夹角余弦或相关系数的绝对值越接近 1，说明两个变量 x_i 与 x_j 越相似；夹角余弦或相关系数的绝对值越接近 0，说明 x_i 与 x_j 差别越大。

3.几种层次聚类方法介绍

（1）最短距离法（Nearest neighbor）。用两类间最近点间的距离作为两类的距离，合并最近的或最相似的两项。

（2）最长距离法（Furthest neighbor）。用两类间最远点间的距离作为两类的距离，合并最近的或最相似的两项。

（3）重心距离法（Centroid clustering）。用两类重心间的距离作为两类的距离，合并最近的或最相似的两项。

（4）中位数距离法（Median clustering）。用两类中位数间的距离作为两类的距离，合并最近的或最相似的两项。

（5）类间平均距离法（Between-groups linkage）。合并两类的结果使得所有项对之间的平均距离最小，项对的两个成员分属于不同的类。

（6）类内平均距离法（Within-groups linkage）。合并两类的结果使得合并后的类中的所有项之间的平均距离最小。

（7）离差平方和法（Ward's method）。采用类间距离的平方和的最小增量合并聚类，此方法要使用欧氏距离。

4.层次聚类的基本步骤

虽然计算距离和相似系数的公式有很多，并有 7 种不同的层次聚类方法，但它们在 SPSS 中，层次聚类分析的步骤是一致的：

（1）选择分析变量。

（2）数据标准化，目的是消除各变量间由于量纲不同或数量级单位不同导致距离或相似系数的计算结果有一定的偏差，难以放在一起比较的问题。

（3）选择距离或相似系数的计算公式，计算所有样品两两之间的距离或相似系数，生成距离矩阵或相似阵。

（4）选择聚类方法，将距离最近的两个样品合并成一类。常用的聚类方法是最短距离法、最长距离法、重心距离法、离差平方和法。

（5）如果类的个数大于1，则继续（3）和（4）步骤，直至所有的样品归为一类为止。

（6）输出聚类结果和系统聚类图，包括树形图和冰柱图两种。

（7）根据研究对象的背景知识，按某种分类标准或分类原则，得出最终的分类结果。

在数据分析中，如将层次方法与动态聚类法、判别分析法、主成分分析法、回归分析法等联合在一起使用往往效果会更好。

【实验内容】

本实验要求利用20××年全国31个省（直辖市、自治区）各类小康和现代化指数的数据（参见数据集"data18-1.sav"），对地区进行聚类分析。

此数据集中包括省（直辖市、自治区）（dq）、综合指数（x1）、社会结构（x2）、经济与技术发展（x3）、人口素质（x4）、生活质量（x5）、法制与治安（x6）7个变量的31个观测。其中，社会结构（x2）是由第三产业从业人员比重等5项指标综合得出的统计指数，反映了社会化、城市化、非农化、外向型经济和智力投资等方面内容；经济与技术发展（x3）是由人均GDP等7项指标综合得出的统计指数，反映了综合经济的投入产出、就业率、知识创新投入和发明创造能力等方面内容；人口素质（x4）是由人口自然增长率、专业技术人员等6项指标综合得出的统计指数；生活质量（x5）是由恩格尔系数等6项指标综合得出的统计指数，反映了生活现代化和电气化等方面情况；法制与治安（x6）是由刑事案件、治安案件、律师数和交通事故死亡率4项指标综合得出的统计指数，是个逆向指标。

【实验步骤】

（1）打开数据集"data18-1.sav"，选择菜单：【Analyze】→【Classify】→【Hierarchical Cluster…】，弹出如图18-1所示的"Hierarchical Cluster Analysis"对话框。

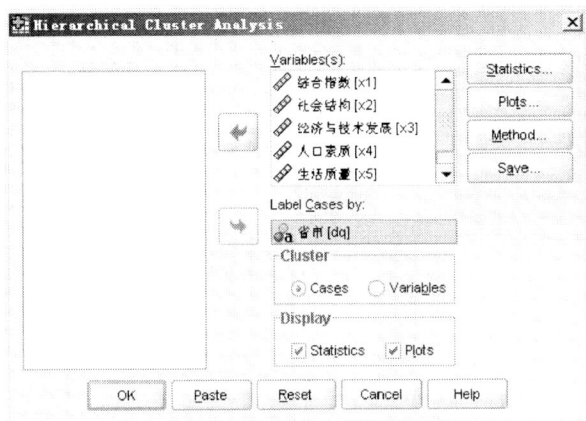

图18-1　层次聚类分析主对话框

（2）在此对话框中的"Cluster"框下选择聚类类型。

①选择"Variables"项，进行变量R-型聚类。

②选择"Cases"项，进行样品Q-型聚类。

本实验可选择"Cases"项，进行Q-型聚类。

（3）选择省（直辖市、自治区）［dq］，进入"Label Cases by"框中；选择综合指数［x1］、社会结构［x2］、经济与技术发展［x3］、人口素质［x4］、生活质量［x5］和法制与治安［x6］，进入"Variable（s）"框中。

（4）单击"Method"按钮，弹出如图18-2所示的对话框。在"Cluster Method"下拉框中选择"Between-groups linkage"（类间平均距离法）。"Measure"框中给出的是不同数据类型下的样品距离的计算方式，在"Interval"下拉框中选择"Squared Euclidean distance"。"Counts"和"Binary"选项分别适用于计数型数据和二值数据。由于本实验中的数据不存在数量级上的差异，因此无须进行标准化处理。在"Standardize"下拉框中选择"None"。单击"Continue"按钮返回主对话框。

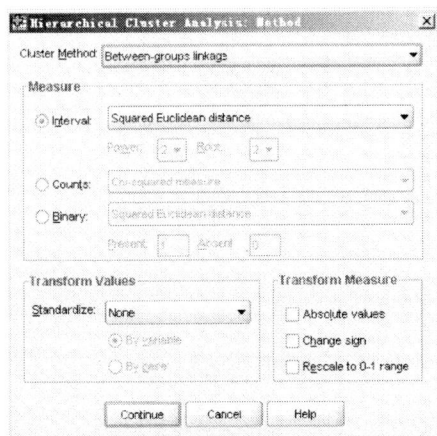

图18-2　方法选择对话框

（5）单击"Statistics"按钮，弹出如图18-3所示的选择输出统计量的对话框。在此框中选择"Agglomeration schedule"复选项，做出凝聚状态表。凝聚状态表显示聚类过程中每一步合并的两项（观测量与观测量、观测量与类、类与类）、被合并的两项之间的距离以及观测量或变量加入到一类的类水平，可以根据此表跟踪聚类的合并过程。选择"Proximity matrix"复选项，要求输出各项间的距离矩阵。以矩阵形式给出各项之间的距离或相似性测度值。在"Cluster Membership"框中选择"Range of solutions"，输入聚类解的范围从3类到6类。单击"Continue"按钮返回主对话框。

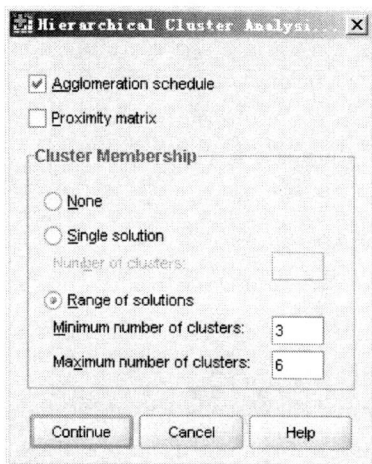

图18-3 选择输出统计量的对话框

（6）单击"Plots"按钮，弹出如图18-4所示的选择统计图表的对话框。选择"Dendrogram"要求输出树形图。在"Icicle"框下选择"None"，不要求输出。单击"Continue"按钮返回主对话框。

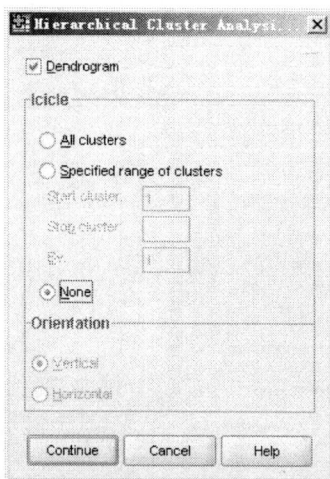

图18-4 选择统计图表的对话框

（7）单击"Save"按钮，弹出如图18-5所示的新变量选择对话框。选择

"Range of solutions",输入聚类解的范围从3类到6类。

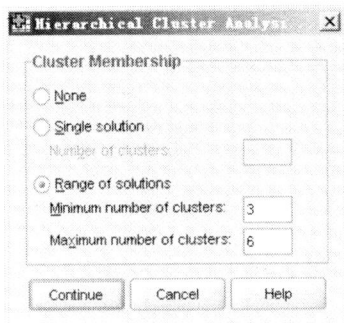

图18-5 新变量选择对话框

(8)点击【Continue】→【OK】,系统输出层次聚类分析结果(略)。

【问题思考】

1.尝试在方法选择对话框的"Cluster Method"框中选择不同的层次聚类方法,或者在"Measure"框中选择不同的样品距离计算方式,比较其层次聚类结果与本实验中的结果的区别和联系。

2.SPSS层次聚类分析将所有可能的聚类解全部输出,应如何确定分类数目呢?对此并没有统一的确定标准,主要应考虑各类所包含的个体数目不应过多,分类数目应符合分析的目的等因素。在本实验中,聚类结果数选择了3个至6个,请根据系统输出的树形图决定合适的分类数目。

3.层次聚类分析后还需分析各类的特征,可对各类的各个变量分别进行描述统计。

【实验总结】

结合实验内容重复上述操作步骤,观察、整理、分析输出结果,得出分析结论,撰写一份分析报告。

实验十九　K-Means聚类

对正确问题的近似答案，胜过对错误问题的精确答案。

——约翰·怀尔德·图基

约翰·怀尔德·图基（John Wilder Tukey，1915—2000）：美国著名统计学家。1915年出生在美国的马萨诸塞州，自小做老师的父母就认为他很有潜力而在家亲自教育，直到他进入大学研读数学及化学才接受正式教育。1939年仅24岁的他取得数学博士学位，之后受聘到普林斯顿大学担任讲师。1946年他把二进位制与数字结合起来，创造出比特这个概念，开创了计算机时代。1965年，他介绍了重要的"快速的Fourier转变"算法。1966年成立普林斯顿大学统计系并担任系主任至1969年。图基在数学和统计学理论方面进行了深入的研究，在介绍评估时间数据列的现代技术、统计资料分析法的改革、多重比较法等方面有重要贡献，在哲学、统计几率等方面也发表了很多实用性文章，并为统计学在物理学、社会科学和工程方面的应用做出了突出贡献。图基是20世纪中期统计学发展的关键人物，被称为统计界的毕加索。1973年获得美国国家科学奖。

【实验目的】

1. 准确理解K-Means聚类分析的方法原理。
2. 掌握将数据进行标准化的几种常用方法。
3. 熟练掌握进行K-Means聚类分析的SPSS操作。
4. 培养运用K-Means聚类分析方法解决身边实际问题的能力。

【准备知识】

1.K-Means 聚类分析的基本原理

K-Means 聚类也称快速聚类或动态聚类，K-Means 中的 K 是研究者指定的聚类数目，Means 指凝聚点（或称聚心）。K-Means 聚类分析的基本思想是：首先按照一定方法选取一批凝聚点（聚心），其次让样品向最近的凝聚点凝聚，形成初始分类，最后按最近距离原则修改不合理的分类，直到合理为止。

与层次聚类相比，该方法在计算机的处理过程中不需要存储距离矩阵，因而计算工作量最小，占据的存储空间也小，也不会因计算机硬件的限制使得分析过程漫长或无法进行，因此适合大样本文件的聚类分析。

2.对数据进行标准化的方法

（1）Z-scores，把数值标准化到 Z 分数。标准化后变量均值为 0，标准差为 1。

（2）Range-1 to 1，把数值标准化到-1 至 1 的范围内。选择该项，对每个值用正在被标准化的变量或观测量的值的范围去除。

（3）Maximum magnitude of 1，把数值标准化至最大值为 1。该方法是把正在标准化的变量或观测量的值用最大值去除。

（4）Range 0 to 1，把数值标准化到 0 至 1 的范围内，对正在被标准化的变量或观测量的值减去正在被标准化的变量或观测量的最小值，然后除以范围。

（5）Mean of 1，把数值标准化到均值的一个范围内。对正在被标准化的变量或观测量的值除以正在被标准化的变量或观测量的值的均值。

（6）Standard deviation of 1，把数值标准化到单位标准差。该方法对每个值除以正在被标准化的变量或观测量的标准差。如果标准差为 0，则这些值保持不变。

3.K-Means 聚类分析的基本步骤

不论是由 SPSS 系统，还是由用户自行指定初始聚类中心，K-Means 聚类过程的分析步骤都可以总结如下：

（1）选择分析变量。

（2）指定聚类数目，即要将样品聚为几类。

（3）指定初始聚类中心。

（4）按照距初始聚心距离最小原则将各观察量分到各聚心所在的类中去，形成第一次迭代的 K 类。

（5）计算每类中所有变量的均值，作为第二次迭代的聚心。

（6）重复步骤（3）～（4），直到达到指定的迭代次数或达到迭代终止的条件，聚类过程结束。

（7）输出聚类结果。

（8）根据研究对象的背景知识，按某个分类标准或分类原则得出最终的分类结果。

【实验内容一】

为科学指导人们开展健身运动，欲按能耗、糖耗将运动项目分类，以便针对不同能耗、糖耗的运动提供不同的膳食建议，使参加运动的人既能得到能量的补充，又不至于造成多余的体脂堆积。某健身中心对馆内36名参加健身的人员作了能量代谢测定，得到了13个项目的平均数据（参见数据集"data19-1.sav"）。

此数据包含运动项目（No）、能耗/焦耳（y1）、糖耗/%（y2）3个变量的12个观测。其中，运动项目的代码1为"负重下蹲"，代码2为"高力翻"，代码3为"提铃"，代码4为"引体向上"，代码5为"腰腹转"，代码6为"手脚并举"，代码7为"仰卧蹬腿"，代码8为"快挺"，代码9为"趴拉"，代码10为"俯卧撑"，代码11为"曲臂"，代码12为"仰卧起坐"。

本实验要求根据此数据集将运动项目分为高、中、低耗能三类。

【实验步骤一】

1.数据标准化

（1）打开数据集"data19-1.sav"，选择菜单：【Analyze】→【Descriptive Statistics】→【Descriptive...】，弹出描述统计量对话框。选择变量y1和y2进入"Variable（s）"框中；选择"Save standardized values as variables"复选项。

（2）点击"OK"，统计输出结果如图19-1所示。其中，Zy1、Zy2为标准化数据列。

2.用K-Means Cluster过程对数据进行聚类分析

（1）选择菜单：【Analyze】→【Classify】→【K-Means Cluster...】，弹出如图19-2所示的"K-Means Cluster Analysis"（K-Means聚类分析）对话框。

（2）在此对话框中，选择标准化数据变量Zy1、Zy2作为分析变量，分类数为3，聚类方法使用默认的"Iterate and classify"。

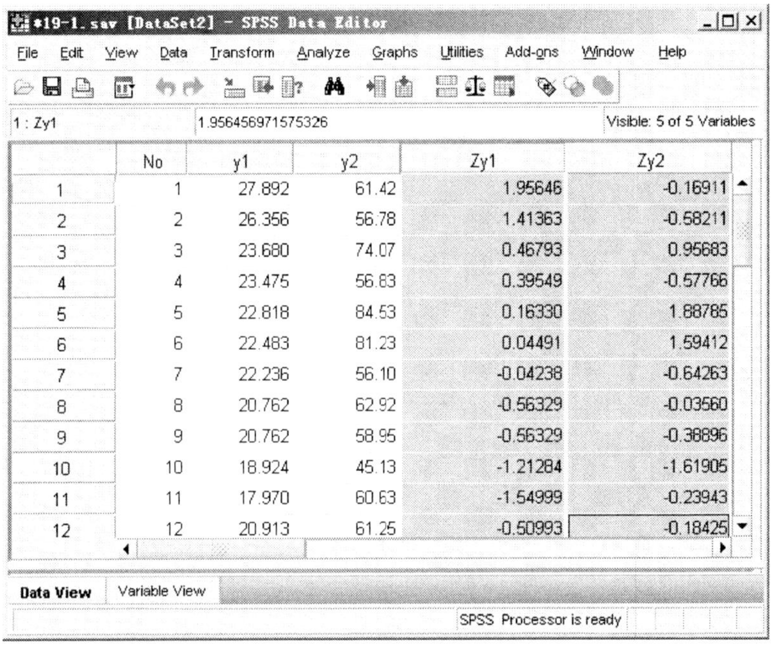

图 19-1　标准化数据列

图 19-2　"K-Means Cluster Analysis" 主对话框

（3）单击 "Iterate" 按钮，打开如图 19-3 所示的指定迭代参数对话框。在 "Maximum Iterations" 参数框中限定 K-Means 算法中的迭代次数，系统默认值为迭代 10 次，本实验中采用系统默认值；在 "Convergence Criterion" 参数框中指定 K-Means 算法中的收敛判据，其值必须大于等于 0，小于 1，默认值为 0，本实验中采用系统默认值；选择 "Use running means" 复选项，限定在每个观测量被分配到一类后立刻计算新的类中心。单击 "Continue" 按钮，返回主对话框。

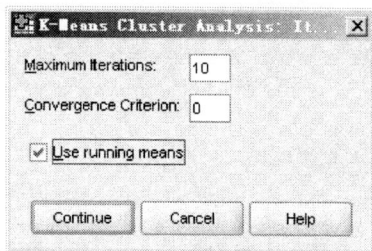

图 19-3 指定迭代参数对话框

（4）在主对话框中单击"Save"按钮，打开如图19-4所示的保存新变量对话框。在此对话框中选择"Cluster membership"复选项，要求在当前工作数据文件中建立一个新变量，其值表示聚类结果，类顺序标号为1，2，3；选择"Distance from cluster center"复选项，要求在当前数据窗口中建立一个新变量，变量值为各观测距所属类的类中心间的欧氏距离。单击"Continue"按钮，返回主对话框。

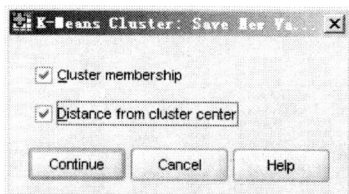

图 19-4 保存新变量对话框

（5）在主对话框中单击"Options"按钮，打开如图19-5所示的输出和缺失值选择对话框。在"Statistics"框下选择"Initial cluster centers"，要求输出初始类中心；选择"ANOVA table"，要求输出方差分析表；选择"Cluster information for each case"，要求输出每个观测量的分类信息。在"Missing Values"框下选择"Exclude cases listwise"选项，要求将出现在变量表中带有缺失值的观测值从分析中剔除。

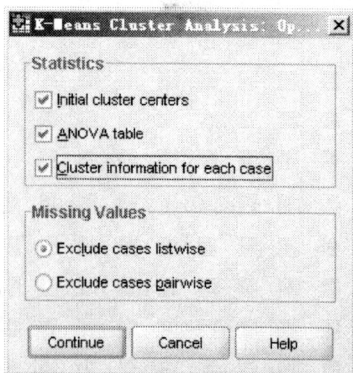

图 19-5 输出和缺失值选择对话框

（6）点击【Continue】→【OK】，系统输出聚类分析结果（略）。

【实验内容二】

实验内容一中，在初始聚类中心点的指定方式上我们采用了由SPSS系统指定的方式，即由SPSS根据样本数据的具体情况选择3个有一定代表性的样本作为初始聚类中心。在指定了聚类数目K后，初始聚类中心也可以自己指定，在以下实验过程中，将演示如何由用户自行指定聚类中心，并进行K-Means聚类分析。

一所大学商学院的招生人员将报考硕士研究生的86名学生的笔试成绩和面试成绩作为变量，以决定将哪些学生收为学院研究生（参见数据集"data19-2. sav"）。

此数据集中包含序号（No）、面试成绩（x1）、笔试成绩（x2）3个变量的86个观测。其中，笔试考试科目包括政治理论、数学、英语、专业英语、企业财务报告分析、管理会计、财务管理，面试考试包括英语及专业课知识等。经验表明，笔试成绩和面试成绩得分高的学生一般能很好地完成研究生学业，而那些得低分的学生则会遇到困难。

本实验要求运用K-Means聚类法将86名报考者分成三类：录取、不录取和未定。

【实验步骤二】

本实验明确将所有样品分为三类，适合采用K-Means Cluster进行聚类分析。为了取得好的聚类效果，实验中应先对前70个样品进行Hierarchical Cluster处理，在得到分类的基础上计算聚心（利用Aggregate过程），然后对余下的16个样品进行K-Means Cluster处理。其具体步骤如下：

1.数据标准化

（1）选择菜单：【Analyze】→【Descriptive Statistics】→【Descriptive...】，弹出描述统计对话框。选择变量x1和x2，进入"Variable（s）"框中；选择"Save standardized values as variables"复选项。

（2）点击"OK"，系统输出结果如图19-6所示。Zx1、Zx2为标准化数据列。

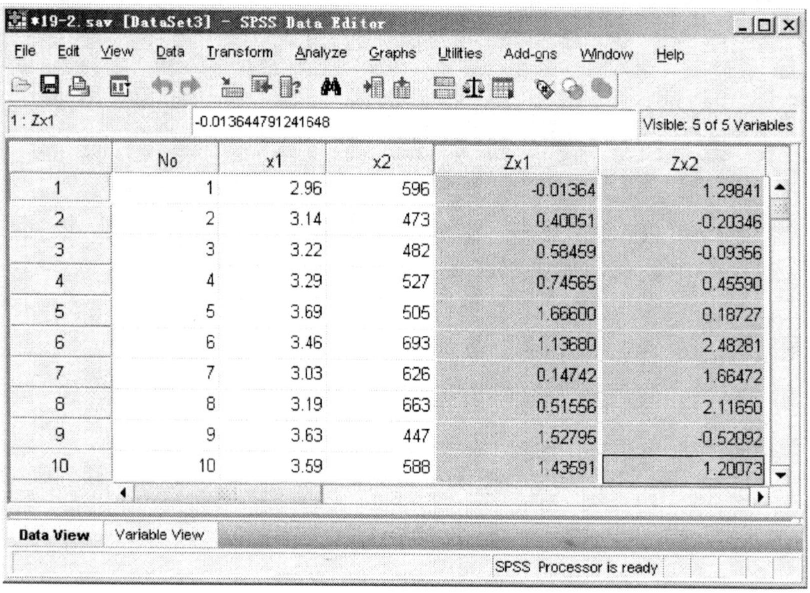

图 19-6   标准化数据列

2.对前 70 个样品的聚类分析用 Hierarchical Cluster 过程

（1）选择菜单：【Data】→【Select Cases...】，挑出序号为 1～70 的前 70 个样品作为分析对象。

（2）选择菜单：【Analyze】→【Classify】→【Hierarchical Cluster...】，弹出如图 18-1 所示的 "Hierarchical Cluster Analysis"（层次聚类分析）对话框。

（3）选择变量 Zx1、Zx2 进入 "Variable（s）" 框中。

（4）聚类方法默认使用 Between-group linkage、距离测度采用 Interval 的 Squared Euclidean distance。

（5）单击 "Statistics" 按钮，弹出如图 18-3 所示的选择输出统计量的对话框。选择输出 "Agglomeration schedule" "Proximity matrix" "Single solution：3"，生成聚为 3 类的聚类解。单击 "Continue" 按钮，返回主对话框。

（6）单击 "Plots" 按钮，弹出如图 18-4 所示的选择统计图表的对话框。选择树形图（Dendrogram），在冰柱图（Icicle）框下选择 "None"。单击 "Continue" 按钮，返回主对话框。

（7）单击 "Save" 按钮，弹出如图 18-5 所示的新变量选择对话框。选择 "Single solution：3"。

（8）点击【Continue】→【OK】，系统将根据上述操作和选项输出有关的聚类分析结果。

3.由 70 个样品的聚类结果计算聚类中心（各组变量均值）

查看上一步的聚类结果，样品被分为明显的三大类，认为分类效果好，可将其作为初始聚类中心的数据源，打开数据文件（如图 19-7 所示），其中，变量列

"CLU3 1" 为聚类解，"CLU3 1"=1表示录取，"CLU3 1"=2表示待定，"CLU3 1"=3表示不录取。

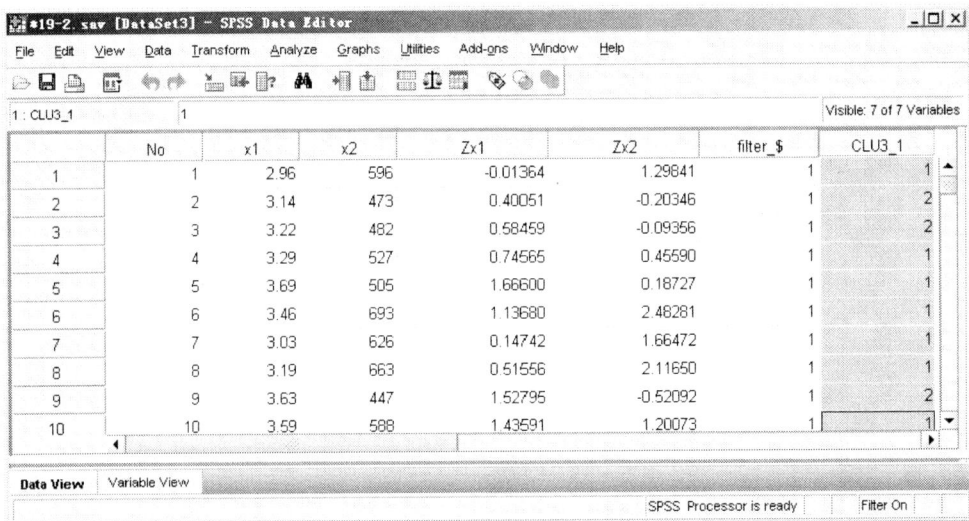

图19-7　前70个样品层次聚类结果

（1）选择菜单：【Data】→【Aggregate】，弹出分类汇总主对话框。选择变量"CLU3 1"作为 Break Variable；选择变量 Zx1，选择聚类函数 Mean；选择变量 Zx2，选择聚类函数 Mean；选择"Create new data file"，单击"File"按钮，输入文件名"聚类中心"。

（2）点击"OK"，提交系统执行，结果如图19-8所示。

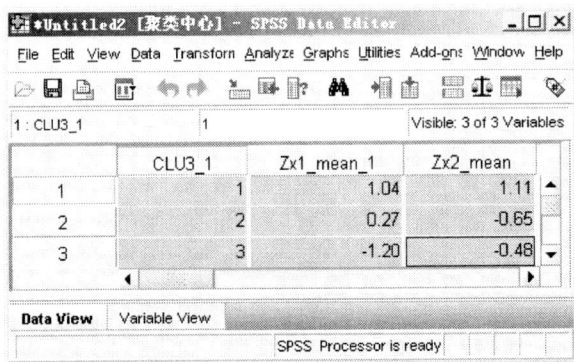

图19-8　聚类中心的计算结果

（3）将图19-8中的变量重新命名（如图19-9所示）。需要注意的是聚类中心的变量必须与当前数据文件中聚类分析变量名相同，其中的观测数必须与在主对话框中指定的类数相同，并且有一个表明类号的变量，变量名为 cluster。

4.对后16个样品的聚类分析用 K—Means Cluster 过程

（1）打开数据文件如图19-6所示的标准化数据列，选择菜单：【Data】→【Select Cases】，抽取样品序号为71～86的其余样品作为分析对象。

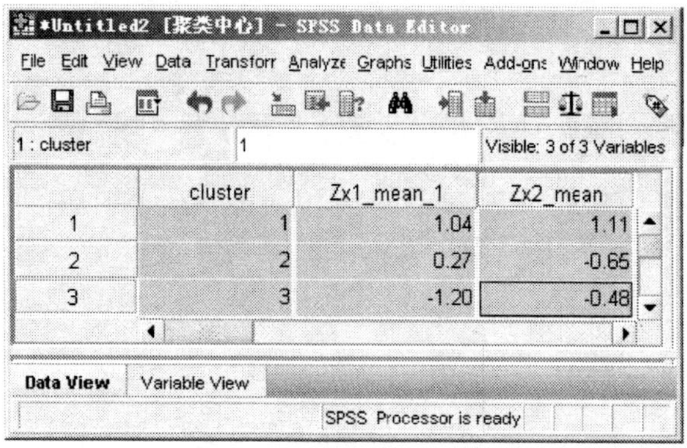

图19-9 重新定义了变量名的聚心计算结果

（2）选择菜单：【Analyze】→【Classify】→【K-Means Cluster】，打开"K-Means Cluster Analysis"（K-Means聚类分析）对话框。

（3）选择标准化数据变量Zx1、Zx2作为分析变量，分类数为3，聚类方法默认使用Iterate and Classify。

（4）单击"Iterate"按钮，打开指定迭代参数对话框。保持系统默认值。

（5）单击"Save"按钮，打开保存新变量对话框。全选。

（6）单击"Options"按钮，打开输出和缺失值选择对话框。"Statistics"框中全选，"Missing Values"保持系统默认值。

（7）在主对话框中的"Cluster Centers"框中选择"Read initial from"选项，单击被激活的"File"按钮，在打开的对话框中选择文件"聚类中心. sav"后单击打开。

（8）点击"OK"，提交系统执行，即可得到最终的聚类分析结果（略）。

【问题思考】

1.在实验内容一中，是由SPSS系统根据样本数据的具体情况挑选有一定代表性的样品作为初始聚类中心。试说明，系统选择了哪几个样品作为初始聚类中心点。

2.初始聚类中心点既可由SPSS系统指定，也可由用户自行指定，试比较使用两种指定方式时，K-Means聚类的迭代次数。

3.K-Means聚类和层次聚类的主要区别是什么？

【实验总结】

结合实验内容重复上述操作步骤、观察、整理、分析输出结果、得出分析结论，撰写一份分析报告。

实验二十　因子分析

当你能衡量你所谈论的东西并能用数字加以表达时，你才真的对它有了几分了解；而当你还不能衡量、不能用数字来表达它时，你的了解就是肤浅和不能令人满意的。

——洛德·凯尔文

【实验目的】

1.熟悉因子分析的用途、目的。
2.掌握因子分析的适用条件，能正确选择适当的因子。
3.熟悉因子旋转的含义并能正确使用。
4.掌握分析结果的解释。

【准备知识】

1.因子分析的基本思想

因子分析是一种用于数据简化和降维的多元统计分析方法。在面对诸多具有内在相关性的变量时，因子分析试图使用少数几个变量来描述这许多变量所体现的一种基本结构，从而将数据规模降至一个可以掌握的水平。

与多元回归不同的是，因子分析中的少数几个变量是不可观测的，通常被称为因子。因子分析基于这样的思想：根据相关性的大小将变量分组，使得同组内的变量之间相关性较高，不同组的变量之间相关性较低。由此，可以认为，每组变量代表一个基本结构（因子），它们可以反映问题的一个方面，或者说一个维度。

2.因子分析的数学模型

因子模型假定观测到的每一个变量 x_i 线性地依赖于少数几个不可观测的变量 F_1，F_2，$\cdots$，F_m 和一个附加的方差源 e_i，即：

$$x_i = l_{i1}F_1 + l_{i2}F_2 + \cdots + l_{ij}F_j + \cdots l_{im}F_m + e_i \tag{20-1}$$

式中：l_{ij} 为第 i 个变量在第 j 个因子上的载荷，称为因子负载。

通常对随机变量 F_j 和 e_i 进行如下假定：

$$E(F_j) = 0，\operatorname{Cov}(F_i, F_j) = \begin{cases} 1 & (i = j) \\ 0 & (i \neq j) \end{cases} \tag{20-2}$$

$$E(e_i) = 0，\operatorname{Cov}(e_i, e_j) = \begin{cases} \psi_i & (i = j) \\ 0 & (i \neq j) \end{cases} \tag{20-3}$$

$$\operatorname{Cov}(F_i, e_j) = 0 \tag{20-4}$$

即：（1）各公共因子的均值为0，方差为1，且因子之间不相关；（2）各误差的均值为0，具有不等方差，且误差之间不相关；（3）公共因子和误差间相互独立。

满足式（20-1）及假设（20-2）～（20-4）的因子模型通常被称为正交因子模型。统计中，常常将变量间的一种相关关系看作一种信息。因子分析正是基于变量间的方差-协方差矩阵的一种分析方法，它希望利用公共因子来尽可能地解释变量间的这种关系。在正交因子模型中，具有如下的协方差结构：

$$\operatorname{Var}(x_i) = l_{i1}^2 + \cdots + l_{im}^2 + \psi_i \tag{20-5}$$

$$\operatorname{Cov}(x_i, x_j) = l_{i1}l_{k1} + \cdots + l_{im}l_{km} \tag{20-6}$$

$$\operatorname{Cov}(x_i, F_j) = l_{ij} \tag{20-7}$$

即：（1）可测变量 x_i 的方差可由该变量在 m 个公共因子上的负载平方和（第 i 个共同度）和特殊因子的方差（特殊度）表示；（2）可测变量 x_i、x_j 之间的协方差可由可测变量在所有公共因子上的负载的对应乘积之和给出；（3）可测变量和公共因子之间的协方差即为因子负载。

上述的协方差结构式（20-5）～（20-7）为分析因子模型的适合度、选择和评价公共因子等方面提供了依据。

【实验内容】

SUV 是众多厂商和爱车族经常提及的名字。SUV 是英文 Sports Utility Vehicle 的缩写，即运动型多功能车。它既具有轿车的舒适性，又具有越野车的越野性能，配备有高底盘、越野轮胎、爬坡能力强，通过性能好。另外，SUV 外形威猛大气，储物空间大，用途比较广泛。

1996—1997年，中国的 SUV 市场主要由两类产品构成：一类是以2020为代表的北京吉普；另一类是走私进来的SUV。两类产品基本上各占50%。1998—1999年，一方面由于国家对于走私SUV的严格限制，另一方面由于北京吉普的销量锐减，中国的SUV销量呈现下降趋势。直到2000年，随着国内SUV厂商的崛起，如湖南长丰、福建东南、重庆庆铃等，SUV的销量又逐渐恢复到了1999年以前的水平。特别是在2002年，随着整个汽车市场的爆发性增长，SUV也呈现出了明显的增长态势，2002年国产SUV销量为9.86万辆，同比增长47.6%，进口SUV销量为近3万辆，同比增长180%左右。更可喜的是，在SUV的销量增长中，国产SUV的贡献量是占主导地位的。国产SUV的崛起无疑成为中国SUV市场的最大亮点。

但2005年，SUV市场发生了很大的变化。根据中国乘用车市场信息联席会的统计数据，2005年上半年全国SUV的产量为8.77万辆，同比下降22.1%；销量为8.89万辆，比上年同期的9.6万辆下降了7.4%。产销量的下降导致了利润的减少甚至亏损，许多产量只有几百辆的经济型SUV生产企业濒临破产的边缘。SUV车型的市场死穴究竟在哪里？各大厂商都在谋求出路。

经过2002年SUV产品的"井喷"，SUV已由卖方市场过渡为买方市场，各厂商的经营策略由产品导向转为客户导向。A厂商作为中高档SUV市场的新军，为了最大限度地满足消费者的不同需求，以多样化、个性化需求的细分市场参与接下来的竞争，对消费者细分市场进行了专题研究。本次专题研究采用问卷调查的方法，通过一系列关于对社会活动、价值观念等内容的陈述，请消费者根据自己的情况做出评价，进而对消费者进行分类，并为SUV产品的市场细分提供参考。问卷的部分内容见表20-1。

表20-1   **A厂商消费者调查问卷**

下列对于生活态度的描述，您的认同程度如何？用1～5分打分，5分表示非常认同，1分表示非常不认同，2～4分代表不同的认同程度

序号	描述	非常认同	比较认同	一般	比较不认同	非常不认同
1	想要的东西马上就想搞到手	5	4	3	2	1
2	重视质量胜过重视价格	5	4	3	2	1
3	关心新事物（流行）	5	4	3	2	1
4	不相信国产货	5	4	3	2	1
5	名牌就是身份	5	4	3	2	1
6	积极获取新产品的相关信息	5	4	3	2	1
7	关心国外的事情	5	4	3	2	1
8	要想出人头地人际关系很重要	5	4	3	2	1

序号	描述	非常认同	比较认同	一般	比较不认同	非常不认同
9	在单位里无法发挥自己的才能	5	4	3	2	1
10	向往欧美的自由文化/生活	5	4	3	2	1
11	珍视中国文化，中国文化为全世界仰慕	5	4	3	2	1
12	中国将来会成为世界头号经济大国	5	4	3	2	1
13	家庭比工作重要	5	4	3	2	1
14	节假日喜欢去户外运动、购物	5	4	3	2	1
15	经常外出旅行	5	4	3	2	1
16	注重饮食健康	5	4	3	2	1
17	关注环保	5	4	3	2	1
18	注重同周围人的关系	5	4	3	2	1
19	愿为社会公益做贡献	5	4	3	2	1
20	想在外资企业工作	5	4	3	2	1

市场细分的方法包括单变量细分和多变量细分。单变量细分相对简单，处于市场分析和研究的初级阶段，其结果也很粗放。多变量细分则是在市场细分中使用一系列描述消费者特征的指标进行市场分割的方法，它可以全面、准确、细致地描述消费者特征，其结果相对比较准确和精细。A厂商采用了多变量细分方法，并设计了如图20-1所示的市场细分研究模型。

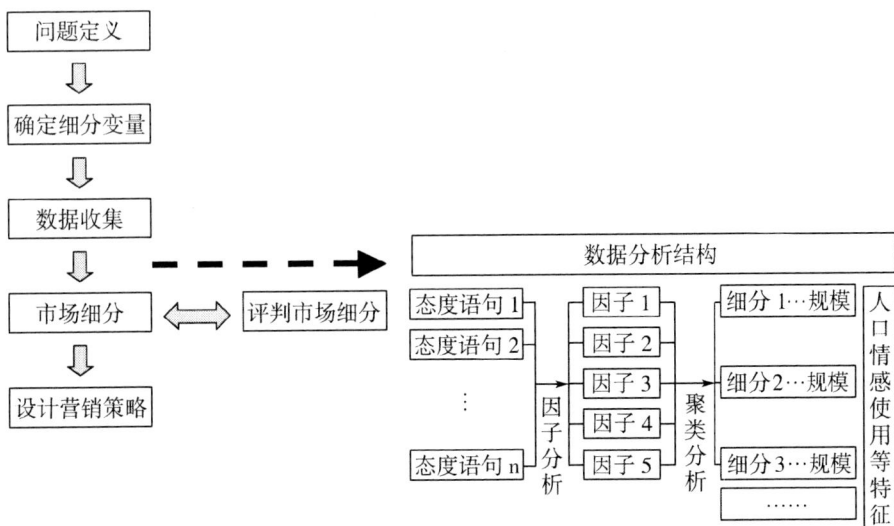

图20-1　A厂商市场细分研究模型

对问卷调查结果整理得出的SPSS数据集，参见数据集"data20-1.sav"。此数据集包含20个变量的601个观测。20个变量均与表20-1中的问卷问题相对应。

【实验步骤】

（1）选择菜单：【Analyze】→【Data Reduction】→【Factor...】，弹出如图20-2所示的"Factor Analysis"对话框。选择变量q1至q20进入"Variables"框中。

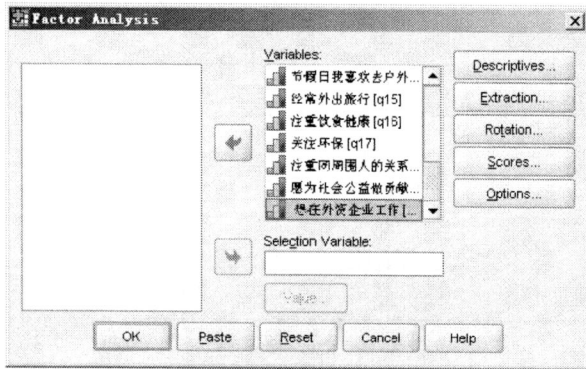

图20-2　因子分析对话框

（2）点击"Descriptives"按钮，弹出如图20-3所示的"Factor Analysis: Descriptives"对话框。在"Statistics"框下，选择"Univariate descriptives"选项，要求输出各变量的均数与标准差。在"Correlation Matrix"框下选择"Coefficients"选项，要求计算相关系数矩阵，并选择"KMO and Bartlett's test of sphericity"选项，要求对相关系数矩阵进行统计学检验。点击"Continue"按钮，返回"Factor Analysis"主对话框。

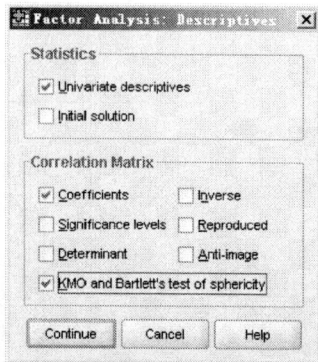

图20-3　描述性指标选择对话框

KMO检验（Kaiser-Meyer-Olkin measure of sampling adequacy）比较了观测到的

变量间的相关系数和偏相关系数的大小。一般而言，KMO值大于0.5意味着因子分析可以进行，而在0.7以上则是令人满意的值。

表 20-2 给出的 KMO 值为 0.809，巴特利特球度检验统计量的观测值为2 535.122，相应的概率P值接近0，意味着原有变量适合进行因子分析。

表20-2　　　　　　　　　　　KMO检验和巴特利特球度检验表

Kaiser–Meyer–Olkin Measure of Sampling Adequacy		0.809
Bartlett's Test of Sphericity	Approx.Chi–Square	2 535.122
	df	190
	Sig.	.000

巴特利特球度检验（Bartlett's test of sphericity）可以用来检验变量间是否存在相关。它是一种建立在协方差阵是单位阵（即变量间不相关）的假设基础上的检验。一个大的检验值通常意味着检验结果的显著性，因此可以拒绝原假设，可以进行因子分析，否则应该慎重考虑。

（3）在主对话框中点击"Extraction"按钮，弹出如图 20-4 所示的"Factor Analysis：Extraction"对话框。

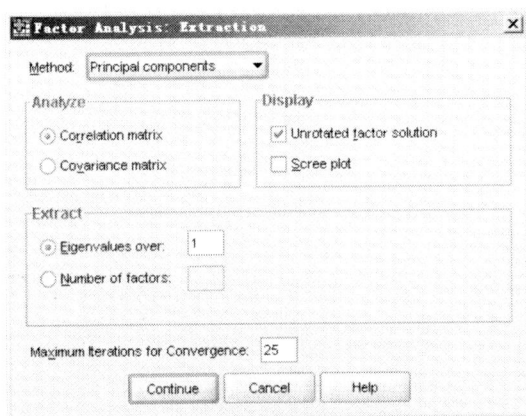

图20-4　因子提取方法选择对话框

①在"Method"下拉框中，系统提供了7种提取因子的方法：

A.Principal components：主成分分析法。

B.Unweighted least squares：未加权最小平方法。

C.Generalized least squares：综合最小平方法。

D.Maximum likelihood：极大似然估计法。

E.Principal axis factoring：公因子法。

F.Alpha factoring：α 因子法。

G.Image factoring：多元回归法。

本实验中可采用主成分分析法。主成分分析法和公因子分析法是两种主要的寻找公因子的方法。前者主要考虑变量的全部方差，而后者则着重考虑共同方差。因此，主成分分析法使用直接由数据计算出的协方差阵，而公因子分析法则先将计算出的协方差阵的对角线元素替换为一个估计的共同度，再进行后续分析。如果研究者关注的问题是寻求可以解释数据中的最大方差的尽可能少的因子，主成分分析法是一种值得推荐的方法，同时也是应用比较广泛的一类方法。

②在"Analyze"框中，系统指定可以使用变量的相关矩阵（Correlation Matrix）或变量的协方差矩阵（Covariance Matrix）进行提取因子的分析。如果参与分析的变量的测度单位不同，则应该选择变量的相关矩阵；反之，则应该选择变量的协方差矩阵。本实验中选用"Correlation Matrix"选项。

③在"Extract"框中，系统提供了两种确定因子数目的方法：特征值法和主观指定因子数目法。

特征值法是选用较多的判断方法。因子对应的特征值就是因子所能解释的方差大小，而由于标准化变量的方差为1，因此特征值法要求保留因子特征值大于1的那些因子。这意味着要求所保留的因子至少能够解释一个变量的方差。需要注意的是，如果变量的数目少于20，该方法通常会给出一个比较保守的因子数目。本实验中选择系统默认选项。

④在"Display"框中，系统指定与因子提取有关的输出项。碎石图（scree plot）提供了因子数目和特征值大小的图形表示。典型的碎石图会有一个明显的拐点，在该点之前是与大因子连接的陡峭的折线，之后是与小因子相连的缓坡折线。因此，可以用碎石图直观地判定因子数目。本实验中选择系统默认选项。

⑤点击"Continue"按钮，返回"Factor Analysis"主对话框。

（4）在主对话框中点击"Rotation"按钮，弹出如图20-5所示的"Factor Analysis：Rotation"对话框，此框中系统提供了6种因子旋转方法：

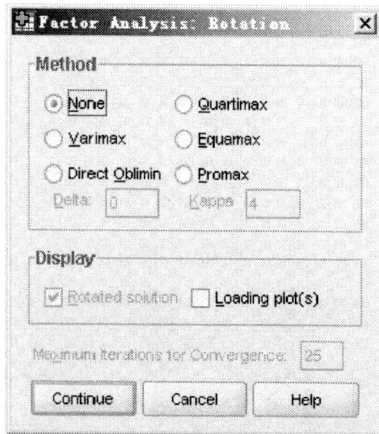

图20-5　因子旋转方法选择对话框

①None：不进行因子旋转。

②Varimax：方差最大旋转，是一种正交旋转，它使每个因子上的具有最高载荷的变量数量最小，因此，可以简化对因子的解释。

③Equamax：平均正交旋转。

④Quartimax：四次最大正交旋转。

⑤Direct Oblimin：直接斜交旋转。

⑥Promax：斜交旋转。

因子负载给出了观测变量和提取的因子之间的相关程度的大小，这意味着在某一因子上的负载大的变量对该因子的影响较大，因子的实际意义较大地取决于这些变量。这可以帮助我们来解释因子的实际意义，但是，基于公因子本身的意义，实际中往往会出现所有变量在一个因子上的负载都比较大的情形，这为因子的解释带来了困难。

因子旋转（rotation of factors）为因子解释提供了便利。因子旋转的目的是使某些变量在某个因子上的负载较高，而在其他因子上的负载则显著地低，这事实上是依据因子对变量进行更好的"聚类"。同时，一个合理的要求是这种旋转应不影响共同度和全部所能解释的方差比例。因子模型本身的协方差结构在正交阵下的"不可识别性"决定了因子旋转的可行性。

正交旋转（orthogonal rotation）保持了坐标轴的正交性（成直角），即因子之间的不相关性，因此使用最多，也是正交因子模型的旋转方法。正交旋转的方法很多，其中以方差最大化法（varimax procedure）最为常用。斜交旋转（oblique rotation）可以更好地简化因子模式矩阵，提高因子的可解释性，但是因为因子间的相关性而不受欢迎。如果总体中各因子间存在明显的相关关系，应该考虑斜交旋转。本实验中采用正交旋转。

通过对比表 20-3 和表 20-4 可以发现，经过旋转后的因子与原始变量的相关关系更明了。第一个因子 Component 1 对 q13、q14、q15、q16、q18 有绝对值较大的相关系数；第二个因子 Component 2 对 q4、q5、q9、q10、q20 有绝对值较大的相关系数；第三个因子 Component 3 对 q12、q17、q19 有绝对值较大的相关系数；第四个因子 Component 4 对 q2、q3、q6、q7 有绝对值较大的相关系数；第五个因子 Component 5 对 q1、q8 有绝对值较大的相关系数。

点击"Continue"按钮，返回"Factor Analysis"主对话框。

（5）在主对话框中，点击"Scores"按钮，弹出如图 20-6 所示的"Factor Analysis：Scores"对话框，系统提供了 3 种估计因子得分系数的方法：回归法（Regression）、巴特利特法（Bartlett）和安德森-鲁宾法（Anderson-Rubin）。本实验选择"Save as variables"及"Regression"选项。

如果后续分析需要，如进行回归分析等，通常需要进一步计算各公因子的因子得分，即给出各因子在每一个观测上的值。事实上，既然各观测变量可以表示为各公因子的线性组合，那么反之，各公因子也可以表示为各观测变量的线性组合：

表 20-3   旋转前因子载荷阵（Component Matrix（a））

	Component				
	1	2	3	4	5
q16	.643	.076	−.409	−.105	.089
q18	.642	−.090	−.351	.085	−.029
q17	.609	−.412	−.076	−.187	.206
q14	.573	.210	−.309	−.296	−.142
q8	.571	.196	.071	.272	−.238
q19	.567	−.364	.023	−.173	.251
q15	.552	.225	−.345	−.281	−.007
q13	.510	.205	−.323	.136	.015
q6	.510	−.288	.346	−.094	−.191
q1	.454	.017	.075	.388	−.407
q12	.452	−.280	.162	.423	.380
q2	.370	−.295	.077	−.003	−.300
q10	.320	.510	.288	−.195	.044
q4	.261	.498	.183	.147	.135
q11	.458	−.474	.135	.393	.267
q20	.269	.472	.208	−.213	.356
q9	.229	.453	.273	.151	.099
q5	.438	.446	.175	.302	−.098
q7	.324	−.107	.489	−.437	.139
q3	.391	−.225	.373	−.301	−.418

Extraction Method：Principal Component Analysis.

5 components extracted.

表 20-4　　　　　旋转后因子载荷阵（Rotated Component Matrix（a））

	Component				
	1	2	3	4	5
q16	.747	.093	.182	.037	.074
q15	.712	.176	−.058	.107	.008
q14	.702	.146	−.123	.194	.094
q18	.626	−.041	.289	.069	.264
q13	.546	.173	.138	−.117	.254
q20	.174	.649	.022	.051	−.238
q10	.148	.636	−.140	.199	.005
q4	.079	.594	.034	−.089	.146
q9	−.011	.580	.036	−.026	.161
q5	.145	.537	.066	−.004	.457
q11	.041	−.073	.785	.140	.192
q12	.038	.123	.768	.030	.153
q19	.368	−.021	.496	.385	−.131
q17	.459	−.106	.491	.387	−.105
q3	.059	−.012	−.052	.750	.199
q7	.003	.279	.145	.628	−.269
q6	.091	.036	.254	.622	.217
q2	.150	−.170	.137	.405	.293
q1	.133	.071	.129	.159	.681
q8	.276	.293	.136	.145	.546

Extraction Method: Principal Component Analysis.

Rotation Method: Varimax with Kaiser Normalization.

Rotation converged in 8 iterations.

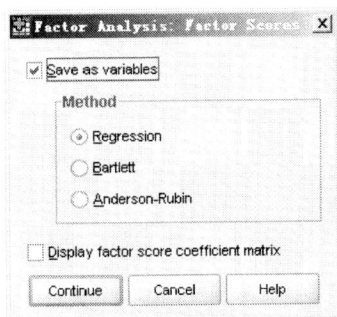

图 20-6　估计因子得分方法对话框

$$F_i = w_{i1}x_1 + w_{i2}x_2 + \cdots + w_{ij}x_j + \cdots + w_{im}x_p \qquad (20-8)$$

式中：w_{ij} 为第 i 个因子在第 j 个变量处的因子得分系数。注意，它并不等于式（20-1）中的因子负载 l_{ij}。

因子得分正是通过这样的方法利用各观测变量的值而估计得到的。

（6）点击【Continue】→【OK】，系统执行运算并输出有关分析结果（系统输出结果此处从略）。

此结果是整个分析过程中所产生的一系列表图。因子分析的重要一步应该是对所提取的公因子给出合理的解释。因子解释可以通过考虑在因子上具有较高负载的变量的意义进行。经过因子旋转后的因子负载阵可以大大提高因子的可解释性。

需要注意的是，即使经过旋转后，仍有可能存在一个因子的所有因子负载均较高的情形，这种因子通常可以称为一般或者基础性因子，一个合理的解释是它是由所研究的问题的共性决定的，而并不单一地取决于问题的某一个方面。此外，对于某些负载较小、难以解释或者实际意义不合理的因子，如果其解释的方差较小，则通常予以舍弃。

【问题思考】

1.如何考察现有变量是否适合进行因子分析？
2.为什么要对初始因子分析结果进行旋转？
3.一般采用何种方法确定选择提取因子的数目？

【实验总结】

结合实验内容重复上述操作步骤，观察、整理、分析输出结果，得出分析结论。以本实验为出发点，查阅有关资料，撰写一份分析报告。

综合应用篇

综合实验一

【实验目的】

本实验演示了如何就现成的样本数据，选择适当的统计方法，由表及里、由浅入深地进行数据的整理、加工、计算和分析。

通过本实验的操作，学生能够掌握数据分析的一般程序和步骤，提高综合运用各种统计方法分析问题和解决问题的能力。

【实验内容】

某市场调查公司是一家独立的机构，主要面向各类厂商提供市场信息咨询服务。在一项研究中，某厂商为了能够预测用信用卡进行支付的数额，要求其对消费者的特点进行调查研究。为此这家市场调查公司专门就一个由 50 名消费者组成的随机样本，采集了有关年收入、家庭成员人数和年信用卡支付数额的数据（参见数据集 "data 2-1-1.sav"）。

作为一名数据分析人员，你应当如何着手分析这些数据，并从中挖掘尽可能多的有用信息，从而为厂商提供优质的信息咨询服务？

【实验步骤一】

本实验中，应当首先对样本数据进行认真仔细的审核，注意异常值和缺失值。在确认数据准确无误的前提下，开始接下来的操作步骤。

可首先选择和运用描述统计中的有关方法对样本数据加以尽可能全面的整理和描述。描述过程可围绕因变量信用卡支付数额进行，具体步骤如下：

1. 对数据进行排序，以把握信用卡支付数额变动的大体范围

从排序结果中可以看出，信用卡支付数额最小为 2 448 元，最大为 5 678 元。

2. 制作频数分布图形，以显示信用卡支付数额的频数分布状况

（1）频数分布直方图。

在 SPSS 数据浏览界面中，运用"Graphs"菜单或其他菜单中的有关命令，制作频数分布直方图，结果如图 1 所示。

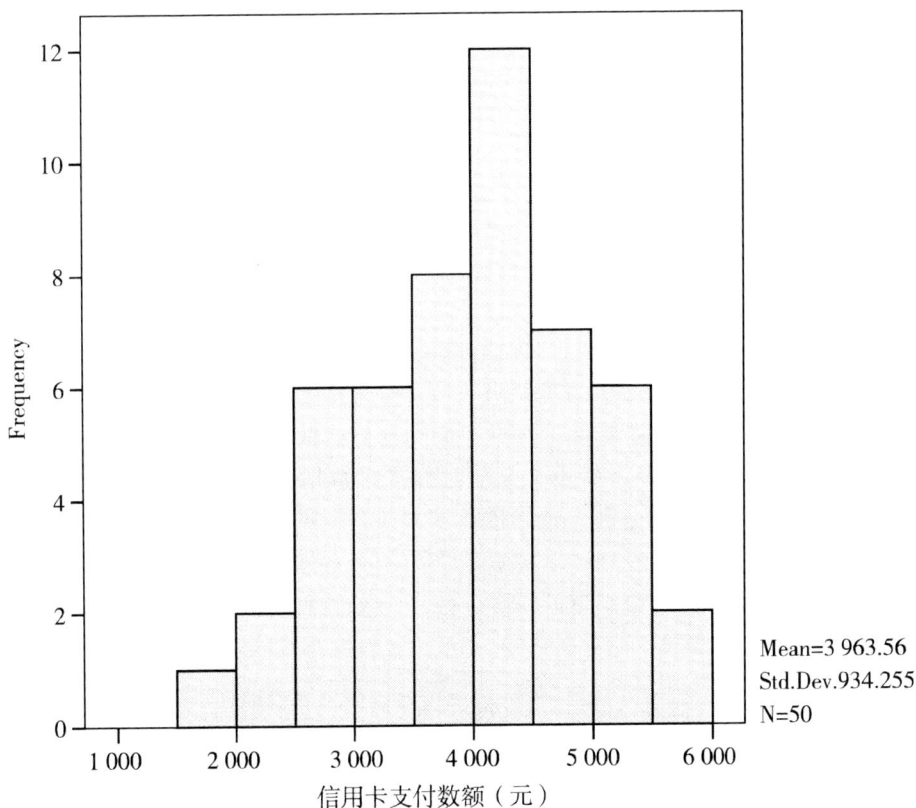

Mean=3 963.56
Std.Dev.934.255
N=50

信用卡支付数额（元）

图 1　信用卡支付数额频数分布直方图

（2）频数分布盒形图。

运用"Graphs"菜单或其他菜单中的有关命令，制作频数分布盒形图，结果如图2所示。

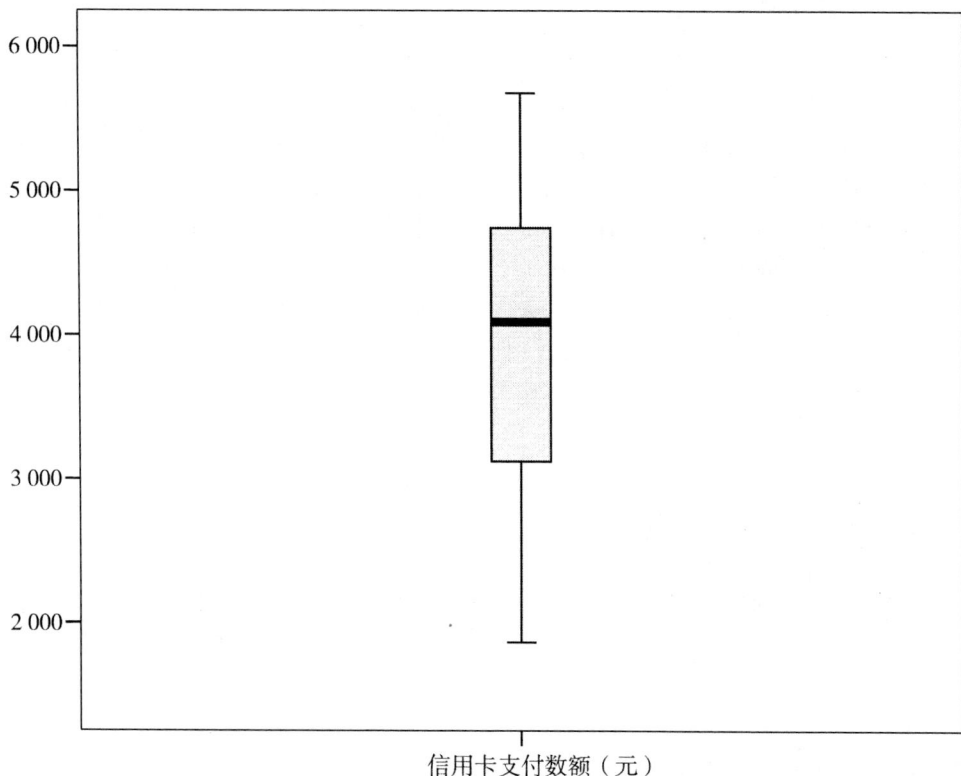

信用卡支付数额（元）

图2　信用卡支付数额频数分布盒形图

3.计算有关的描述性统计量

运用"Analyze"下拉菜单"Descriptive statistics"中的"Frequencies"命令或其他有关命令，计算有关描述性统计量。计算结果如图3所示。

4.观察和分析上述描述结果，得出初步的分析结论

从SPSS输出结果上看，信用卡支付数额样本数据大体上在2 448元至5 678元之间呈左偏的钟形分布，这是一种比较常见的分布状态，是样本数据来源于正态总体的证据。分布图形略呈左偏，意味着较多的消费者倾向于在较大的数额上使用信用卡支付。峰度值为-0.742，为平顶峰。信用卡支付数额的样本均值、样本中位数和样本众数分别为3 963.56、4 090.00、3 890，差异不是很大，表明数据的频数分布具有较强的对称性。

Statistics

信用卡支付数额（元）

N	Valid	50
	Missing	0
Mean		3 963.56
Median		4 090.00
Mode		3 890
Std.Deviation		934.255
Variance		872 832.9
Skewness		−.131
Std.Error of Skewness		.337
Kurtosis		−.742
Std.Error of Kurtosis		.662

图3 信用卡支付数额有关描述性统计量计算结果

【实验步骤二】

在实验步骤一的基础上，可利用样本数据对信用卡支付数额的总体均值做一个区间估计。

运用"Analyze"下拉菜单"Compare Means"中的"One Sample T Test"命令，得出信用卡支付数额总体均值95%置信区间，如图4所示。

One–Sample Test

	Test Value=0					
	t	df	Sig.(2–talled)	Mean Difference	95% Confldence Interval of the Difference	
					Lower	Upper
信用卡支付数额（元）	29.999	49	.000	3 963.56C	3 698.05	4 229.07

图4 信用卡支付数额总体均值95%置信区间的输出结果

信用卡支付数额总体均值95%置信下限为3 698.05、上限为4 229.07，表明

95%的消费者倾向于在3 698.05元至4 229.07元之间使用信用卡支付。

但这还只是一种粗略的估计，因为单变量总体均值的区间估计实质是用被估计变量的样本数据来估计被估计变量本身的均值取值。如果能够掌握其他与其具有较高相关性的变量的样本数据，那么就可以利用变量间的相关关系，对被估计变量的均值取值做出更高精度的估计。本实验中包含三个变量的样本数据，应当充分利用这些数据所提供的有关信息。

【实验步骤三】

以年收入为自变量、信用卡支付数额为因变量进行回归分析，建立回归方程，用以通过年收入的取值来预测信用卡支付数额的取值。其具体步骤如下：

1.制作散点图，对两变量间的相关关系进行初步观察，做出判断

运用"Graphs"菜单中的"Scatter"命令，制作散点图，结果如图5所示。

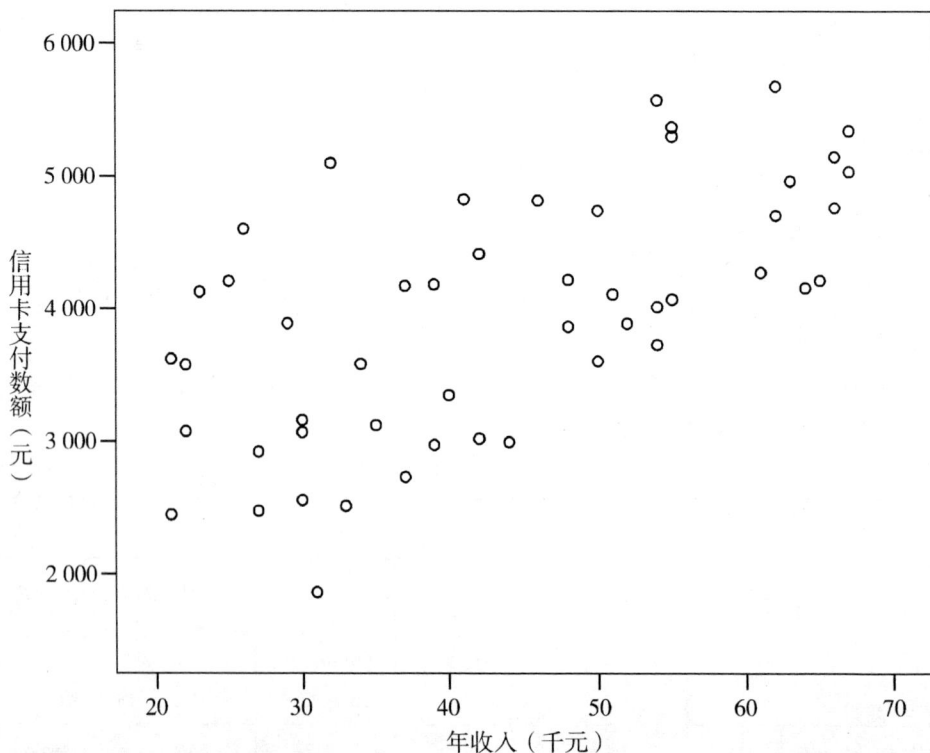

图5　信用卡支付数额与年收入样本数据散点图

散点图中的各个点大体呈椭圆分布，表明两变量之间具有一定程度的线性相关

关系。

2.建立简单线性回归方程

运用"Analyze"下拉菜单"Regression"中的"Linear"命令，进行简单线性回归分析。分析结果如图6中的三项输出结果所示。

Model Summary

Model	R	R Square	Adjusted R Square	Std.Error of the Estimate
1	.631ª	.398	.386	732.316

ªPredictors：（Constant）年收入（千元）

ANOVAᵇ

Model		Sum of Squares	df	Mean Square	F	Sig
1	Regression	17 027 039	1	17 027 039.10	31.750	.000ª
	Residual	25 741 775	48	536 286.984		
	Total	42 768 814	49			

ªPredictors：（Constant）年收入（千元）

ᵇDependent Variable：信用卡支付数额（元）

Coefficientsª

Model		Unstandardized Coefficients		Standardized Coefficients	t	Sig.
		B	Std.Error	Beta		
1	（Constant）	2 202.087	329.320		6.687	.000
	年收入（千元）	40.512	7.190	.631	5.635	.000

ªDependent Variable：信用卡支付数额（元）

图6　信用卡支付数额与年收入简单线性回归分析结果

3.观察和分析上述描述及分析结果，得出阶段性分析结论

方差分析表（ANOVA）中，F检验的结果表明：关于年收入和信用卡支付数额的简单线性回归方程整体上是具备显著性的。回归系数计算表（Coefficients）中，t检验的结果再一次证实了这种显著性。

分析中所得出的回归方程为：信用卡支付数额=40.512×年收入+2 202.087，说明年收入每增加1 000元，信用卡支付数额增加40.512元。据此方程可由年收入的取值得出较单变量的区间估计来得更为精确的关于信用卡支付数额的估计值。

但在模型汇总表（Model Summary）中，相关系数为0.631，判定系数为0.398。年收入与信用卡支付数额并非高度线性相关，据此样本数据所得出的简单线性回归方程，拟合优度还不是很理想，只能解释信用卡支付数额变异中的39.8%。

因此，条件允许的话，可考虑采用其他的预测变量再做一个回归分析。

【实验步骤四】

以家庭成员数为自变量、信用卡支付数额为因变量进行回归分析，建立回归方程，用以通过家庭成员数的取值来预测信用卡支付数额的取值。其具体步骤如下：

1.制作散点图，对两变量间的相关关系进行初步观察，做出判断

运用"Graphs"菜单中的"Scatter"命令，制作散点图，结果如图7所示。

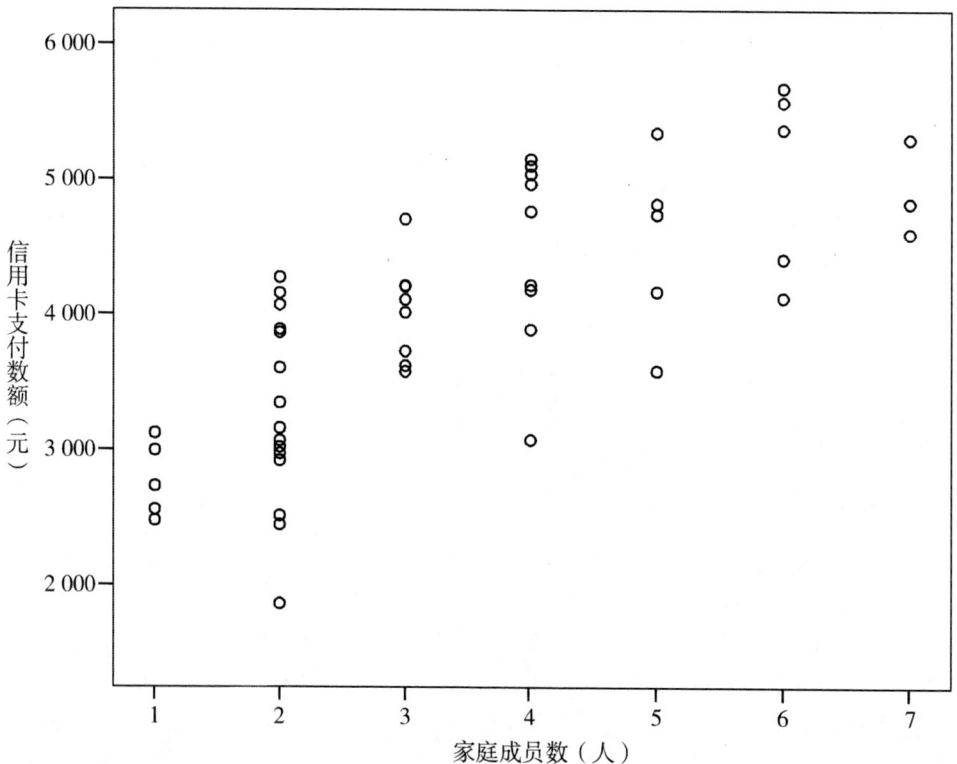

图7 信用卡支付数额与家庭成员数样本数据散点图

散点图中的各个点大体呈椭圆分布，表明两变量之间具有一定程度的线性相关关系。

2.建立简单线性回归方程

运用"Analyze"下拉菜单"Regression"中的"Linear"命令，进行简单线性回归分析。分析结果如图8中的三项输出结果所示。

Model Summary

Model	R	R Square	Adjusted R Square	Std.Error of the Estimate
1	.753ª	.567	.558	621.141

ªPredictors：（Constant）家庭成员数（人）

ANOVAᵇ

Model		Sum of Squares	df	Mean Square	F	Sig.
1	Regression	24 249 642	1	24 249 641.71	62.853	.000ª
	Residual	18 519 173	48	385 816.096		
	Total	42 768 814	49			

ªPredictors：（Constant）家庭成员数（人）

ᵇDependent Variable：信用卡支付数额（元）

Coefficientsª

Model		Unstandardized Coefficients		Standardized Coefficients	t	Sig.
		B	Std.Error	Beta		
1	（Constant）	2 580.045	195.372		13.206	.000
	家庭成员数（人）	404.537	51.026	.753	7.928	.000

ªDependent Variable：信用卡支付数额（元）

图8　信用卡支付数额与家庭成员数简单线性回归分析结果

3.观察和分析上述描述及分析结果，得出阶段性分析结论

方差分析表（ANOVA）中，F检验的结果表明：关于家庭成员数和信用卡支付数额的简单线性回归方程整体上是具备显著性的；回归系数计算表（Coefficients）中，t检验的结果再一次证实了这种显著性。

分析中所得出的回归方程为：信用卡支付数额=404.537×家庭成员数+2 580.045。家庭成员数每增加1人，信用卡支付数额增加404.537元。据此方程可由家庭成员数的取值得出关于信用卡支付数额的估计值。

从模型汇总表（Model Summary）的结果上看，相关系数为0.753，判定系数为0.567。家庭成员数与信用卡支付数额之间呈较年收入更高的线性相关，拟合优度也要高出一些，能够解释信用卡支付数额变异中的56.7%。

两相比较，以家庭成员数为自变量的回归方程要优于以年收入为预测变量的回归方程。

但56.7%的拟合优度，仍有进一步提高的空间。如果同时以家庭成员数和年收入为预测变量，进行多元回归分析，结果将会使拟合优度提高。

【实验步骤五】

以年收入和家庭成员数为自变量、信用卡支付数额为因变量进行多元回归分析，建立回归方程，用以通过家庭成员数和年收入的取值来预测信用卡支付数额的取值。具体步骤如下：

1.制作散点图，对三个变量间的相关关系进行初步观察，做出判断

运用"Graphs"菜单中的"Scatter"命令，制作三维散点图，结果如图9所示。

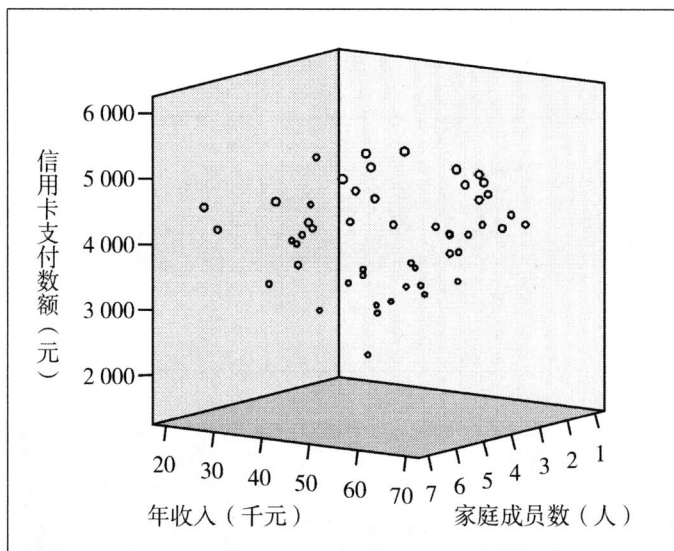

图9　信用卡支付数额与家庭成员数和年收入样本数据散点图

利用SPSS提供的图形旋转工具，观察散点的分布状况，发现它们大体分布于一个"橄榄球"之内，表明三变量之间具备一定的线性相关性。

2.建立多元线性回归方程

运用"Analyze"下拉菜单"Regression"中的"Linear"命令，进行多元线性回归分析。分析结果如图10中的三项输出结果所示。

3.观察和分析上述描述及分析结果，得出阶段性分析结论

方差分析表（ANOVA）和回归系数计算表（Coefficients）中的F检验和t检验均被通过。

分析中所得出的回归方程为：信用卡支付数额=356.668×家庭成员数+33.158×年收入+1 302.052。据此方程估计信用卡支付数额的取值。

Model Summary

Model	R	R Square	Adjusted R Square	Std.Error of the Estimate
1	.909[a]	.826	.818	398.203

[a]Predictors：（Constant）年收入（千元），家庭成员数（人）

ANOVA[b]

Model		Sum of Squares	df	Mean Square	F	Sig.
1	Regression	35 316 230	2	17 658 115.01	111.362	.000[a]
	Residual	7 452 584	47	158 565.623		
Total		42 768 814	49			

[a]Predictors：（Constant）年收入（千元），家庭成员数（人）
[b]Dependent Variable：信用卡支付数额（元）

Coefficients[a]

Model		Unstandardized Coefficients		Standardized Coefficients	t	Sig.
		B	Std.Error	Beta		
1	（Constant）	1 302.052	197.710		6.586	.000
	家庭成员数（人）	356.668	33.210	.664	10.740	.000
	年收入（千元）	33.158	3.969	.518	8.354	.000

[a]Dependent Variable：信用卡支付数额（元）

图 10 多元线性回归分析结果

从模型汇总表（Model Summary）的结果上看，相关系数为 0.909，高度相关；判定系数为 0.826，调整的判定系数为 0.818，为相当理想的拟合优度。

比较而言，三个回归分析中，多元线性回归分析的结果是最为可取的，但应注意问题中的多重共线性等问题。

【实验步骤六】

回归分析是建立在一系列理论假设的基础之上的，其中最重要的就是误差项随机变量的正态性假设和方差相等性假设。我们所掌握的样本数据如果违反了这些理论假设，那么上述的分析结果就全部是无效的。

因此，本实验的最后一个步骤也是最为关键的一个步骤，就是利用样本数据来证实模型假定，主要内容是观察和分析残差的分布状态。其具体步骤如下：

1.标准化残差分布直方图

运用"Analyze"下拉菜单"Regression"中的"Linear"命令,进入有关的对话框,通过有关选项,可得出残差分析的有关输出结果。标准化残差分布直方图如图11所示。

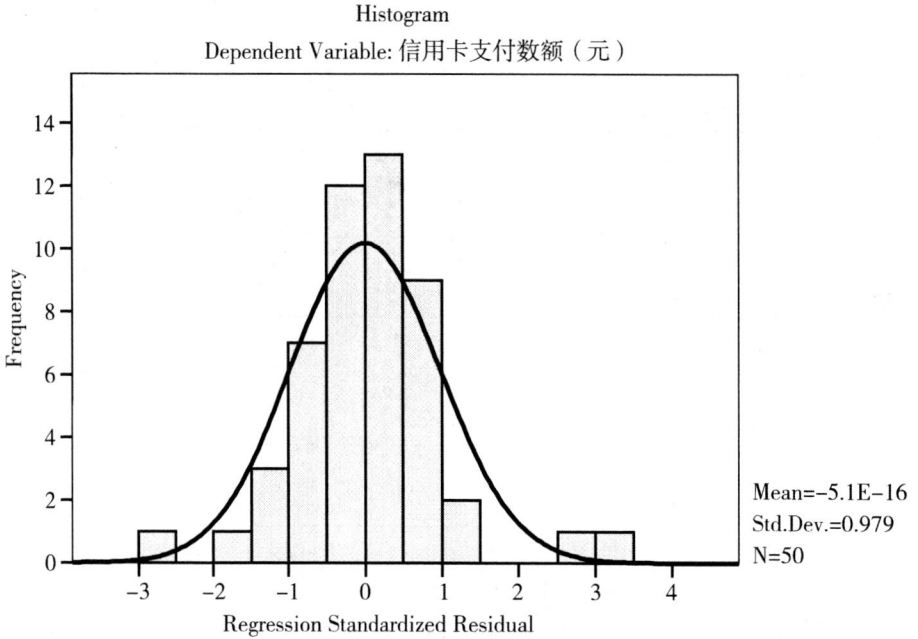

图 11　标准化残差分布直方图

2.正态概率图

正态概率图如图12所示。

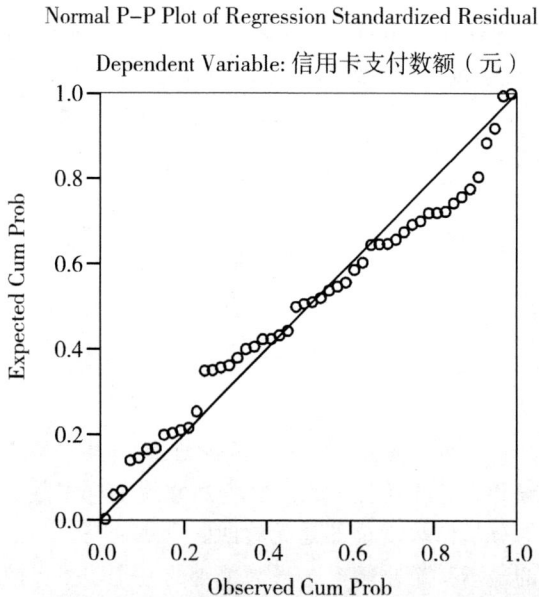

图12　正态概率图

3.标准化残差分布散点图

标准化残差分布散点图如图13所示。

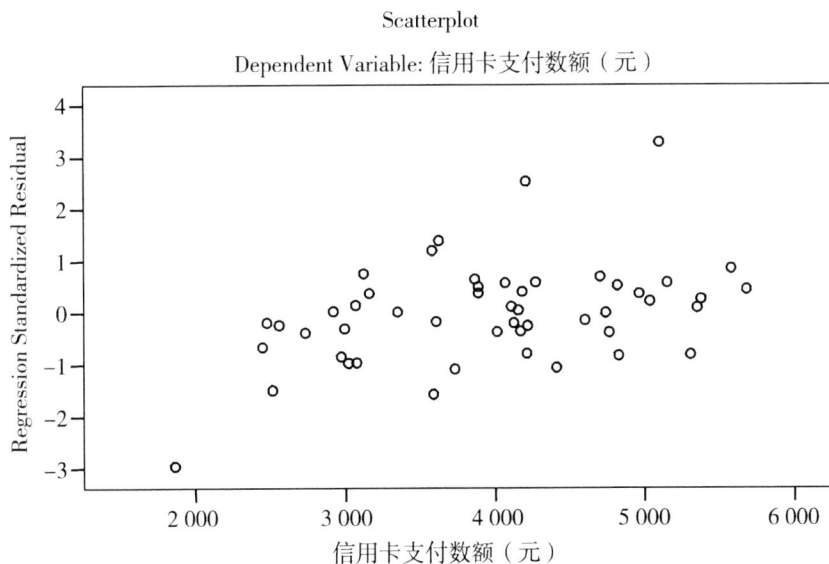

图13　标准化残差分布散点图

4.异常值诊断

异常值诊断的结果如图14所示。

Casewise Diagnostics[a]

Case Number	Std.Residual	信用卡支付数额（元）	Rredicted Value	Residdual
36	3.290	5 100	3 789.78	1 310.224

[a]Dependent Variable：信用卡支付数额（元）

图14　异常值诊断输出结果

5.观察和分析上述输出结果，得出最终分析结论

通过标准化残差分布直方图、正态概率图及标准残差分布散点图，分析有无违反模型假定的证据。如果有超过5%的观测值超出［-3，+3］区间，则构成违反正态性假设的证据。

【问题思考】

1.以95%的置信度，预测年收入为40 000元的3口之家，其年信用卡支付数额是多少？

2.本实验中采取了强行进入法"Enter"进行多元线性回归分析,试采用逐步回归法"Stepwise"做一个多元线性回归分析,看结果如何。

3.出于严密性的考虑,还应当从哪几个方面来证实模型假定?

4.本实验中第36个观测为异常值,异常值一般会对回归分析的结果造成较大的影响,如何测定异常值这种影响的大小?

【实验总结】

结合实验内容参考上述操作步骤自主选择分析方法,并完成相关的SPSS操作,观察和整理输出结果,得出分析结论。查阅有关资料,撰写一份主题明确、论证充分的分析报告。分析报告中应包含以下要点:

(1)问题的提出。

(2)变量设置的理由。

(3)数据搜集的基本方法和过程。

(4)数据的结构特点。

(5)分析方法的选择。

(6)分析过程中的主要步骤及其结果的评述。

(7)数据对有关模型理论假设的符合程度。

(8)分析结论。

综合实验二

【实验目的】

本实验将演示如何就较大规模的样本数据，选择适当的方法进行统计描述与统计推断。

通过本实验的操作，培养和提高学生迅速把握数据结构、灵活驾驭大规模数据的能力。

【实验内容】

住房问题涉及千家万户，了解消费者对住房现状的满意程度及对未来的住房期望，对于政府制定房地产市场管理的有关措施，具有一定的指导意义。为此市政府委托某高校统计学院做了一项关于本市居民住房情况的调查。这是一个规模比较大的统计调查项目，调研小组通过问卷形式就 2 993 个住户，获取了 14 个变量的样本数据。问卷的部分内容如下：

关于住房情况的调查问卷（部分）

1.您居住所在区是（　　）。

（1）A 区　　　　　（2）B 区　　　　　（3）C 区　　　　　（4）D 区

2.您的性别是（　　）。

（1）男　　　　　　　　　　　　　（2）女

3.您的年龄是（　　）。

4.您的文化程度是（　　）。

（1）初中以下　　　　　　　　　　（2）高中（中专）

（3）大学（专、本）　　　　　　　　（4）研究生以上

5.您的职业是（　　　）。

（1）行政事业单位　　　　　　　　（2）国有企业

（3）私营企业　　　　　　　　　　（4）大专院校科研单位

（5）失业　　　　　　　　　　　　（6）其他

6.婚否（　　　）。

（1）已婚　　　　　　　　　　　　（2）未婚

7.您的家庭常住人口数是（　　　）。

8.户口状况是（　　　）。

（1）本地户口　　　　　　　　　　（2）外地户口

9.您的家庭年收入是（　　　）。

10.您现住房面积是（　　　）。

11.您的家庭人均住房面积是（　　　）。

12.您的住房产权状况是（　　　）。

（1）无产权　　　　　　　　　　　（2）部分产权

（3）二手房　　　　　　　　　　　（4）经济适用房

（5）多层商品房　　　　　　　　　（6）高层商品房

（7）别墅　　　　　　　　　　　　（8）其他

13.您对目前的住房是否满意？

（1）满意　　　　　　　　　　　　（2）不满意

14.您未来三年打算购房吗？

（1）不买　　　　　　　　　　　　（2）购买

　　尽管调查项目不多，但数据的搜集、录入、审核和整理工作也是相当繁重与复杂的。作为一名数据分析人员，你应当如何着手整理和描述这些数据，从而为进一步的数据分析工作提供一个良好的开端？

【实验步骤一】

　　根据问卷的结构特点，定义数据中应当包含的变量个数及其属性，并在此基础上逐条录入2 993个观测的41 902个观测值（参见数据集"data2-2-1.sav"）。变量定义的具体内容见表1。

表1 数据中变量属性的定义

序号	Name	Type	Label	Values	Measure
1	X01	Numeric	所在区	1=A，2=B，3=C，4=D	ordinal
2	X02	Numeric	性别	1=男，2=女	nominal
3	X03	Numeric	年龄		scale
4	X04	Numeric	文化程度	1=初中以下，2=高中（中专），3=大学（专、本），4=研究生以上	nominal
5	X05	Numeric	从业状况	1=行政事业单位，2=国有企业，3=私营企业，4=大专院校科研单位，5=失业，6=其他	nominal
6	X06	Numeric	婚姻	1=已婚，2=未婚	nominal
7	X07	Numeric	常住人口		scale
8	X08	Numeric	户口状况	1=本地户口，2=外地户口	nominal
9	X09	Numeric	家庭收入		scale
10	X10	Numeric	现住面积		scale
11	X11	Numeric	人均面积		scale
12	X12	Numeric	房屋产权	1=无产权，2=部分产权，3=二手房，4=经济适用房，5=多层商品房，6=高层商品房，7=别墅，8=其他	nominal
13	X13	Numeric	住房满意	1=满意，2=不满意	nominal
14	X14	Numeric	未来三年	1=不买，2=购买	nominal

【实验步骤二】

1.单变量频数统计

在熟悉和掌握了数据内容和数据结构的基础上，就所关心的问题统计有关变量的频数。譬如，就"常住人口"变量的频数统计结果如下：

（1）常住人口频数统计表如图1所示。

常住人口

		Frequency	Percent	Valid Percent	Cumulative Percent
Valid	1	128	4.3	4.3	4.3
	2	455	15.2	15.2	19.5
	3	1 571	52.5	52.5	72.0
	4	505	16.9	16.9	88.8
	5	303	10.1	10.1	99.0
	6	26	.9	.9	99.8
	7	3	.1	.1	99.9
	8	2	.1	.1	100.0
	Total	2 993	100.0	100.0	

图1　系统输出常住人口频数统计表

（2）常住人口频数统计条形图如图2所示。

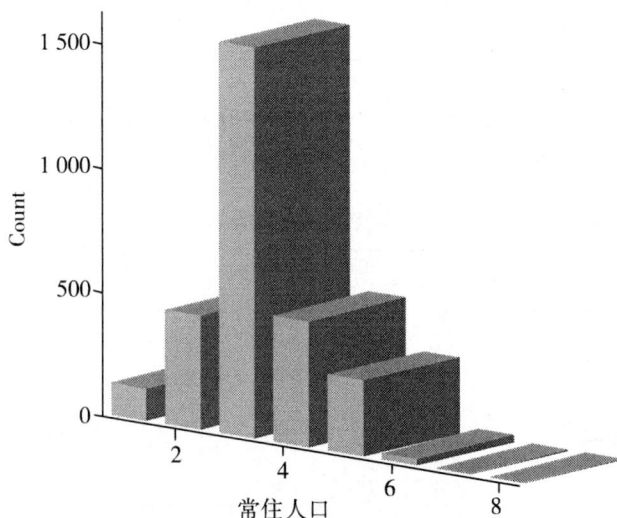

图2　常住人口频数统计条形图系统输出结果

2.二维交叉频数统计

频数统计不只是可以针对单个变量进行，分析中经常需要了解多个变量联合分布特征，进而观察和分析变量之间的相互影响。譬如，就"房屋产权"与"住房满意"两个变量做二维交叉频数统计，结果如下：

（1）二维交叉频数统计表（列联表）如图3所示。

房屋产权*住房满意 Crosstabulation

Count

		住房满意		Total
		满意	不满意	
房屋产权	无产权	6	25	31
	部分产权	6	10	16
	二手房	2	0	2
	经济适用房	8	6	14
	多层商品房	28	40	68
	高层商品房	2	0	2
	其他	2	5	7
Total		54	86	140

图3　二维交叉频数表系统输出结果

（2）二维交叉频数分布图如图4所示。

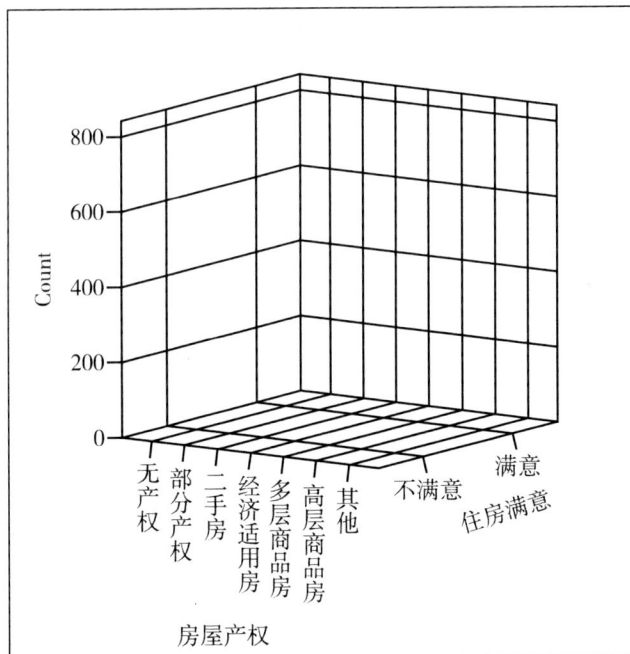

图4　二维交叉频数分布图系统输出结果

3.三维交叉频数统计

就"所在区"、"从业状况"和"住房满意"三个变量做三维交叉频数统计，结果如下：

（1）三维交叉频数统计表如图5所示。

从业状况*住房满意*所在区 Crosstabulation

Count

所在区			住房满意		Total
			满意	不满意	
A	从业	行政事业单位	131	172	303
	状况	国有企业	162	222	384
		私营企业	86	115	201
		大专院校科研单位	23	25	48
		失业	33	50	83
		其他	30	31	61
	Total		465	615	1 080
B	从业	行政事业单位	47	45	92
	状况	国有企业	158	272	430
		私营企业	25	51	76
		大专院校科研单位	3	21	24
		失业	13	46	59
		其他	20	39	59
	Total		266	474	740
C	从业	行政事业单位	21	43	64
	状况	国有企业	102	219	321
		私营企业	36	63	99
		大专院校科研单位	20	43	63
		失业	13	39	52
		其他	24	51	75
	Total		216	458	674
D	从业	行政事业单位	15	29	44
	状况	国有企业	51	88	139
		私营企业	37	50	87
		大专院校科研单位	1	6	7
		失业	28	62	90
		其他	33	59	92
	Total		165	294	459
E	从业	行政事业单位	1	0	1
	状况	国有企业	8	18	26
		私营企业	3	1	4
		失业	0	1	1
		其他	4	4	8
	Total		16	24	40

图5 三维交叉频数表系统输出结果

（2）三维交叉频数分布图如图6所示。

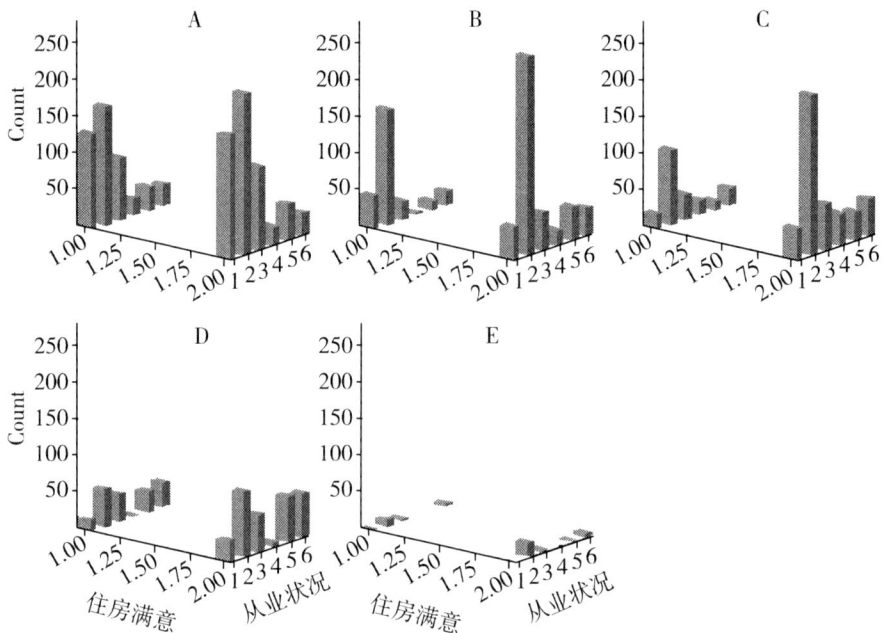

图6　三维交叉频数分布图系统输出结果

【实验步骤三】

　　在频数统计的基础上，结合已经掌握的各方面知识和日常经验，你会对数据中某些变量之间的关系形成一个初步判断。接下来的工作就是选择恰当的方法对这种关系做出统计推断。方法的选择要根据问题中所涉及的变量性质而定。譬如，判断"从业状况"与"住房满意"两变量之间可能存在相关关系。分析步骤如下：

　　1.选择分析方法

　　"从业状况"与"住房满意"均为分类型变量。两者之间关系的分析适合选用列联分析的方法。

　　2.仔细观察两变量交叉频数分析状况

　　运用"Analyze"下拉菜单"Descriptive Statistics"中的"Crosstabs"命令，进入有关的对话框，通过有关选项，得到交叉频数分析表和交叉频数分布图如图7所示。

从业状况*住房满意 Crosstabulation

			住房满意		Total
			满意	不满意	
从业状况	行政事业单位	Count	215	289	504
		Expected Count	189.9	314.1	504.0
		% Within 从业状况	42.7%	57.3%	100.0%
		% Within 住房满意	19.1%	15.5%	16.8%
	国有企业	Count	481	819	1 300
		Expected Count	489.9	810.1	1 300.0
		% Within 从业状况	37.0%	63.0%	100.0%
		% Within 住房满意	42.6%	43.9%	43.4%
	私营企业	Count	187	280	467
		Expected Count	176.0	291.0	467.0
		% Within 从业状况	40.0%	60.0%	100.0%
		% Within 住房满意	16.6%	15.0%	15.6%
	大专院校科研单位	Count	47	95	142
		Expected Count	53.5	88.5	142.0
		% Within 从业状况	33.1%	66.9%	100.0%
		% Within 住房满意	4.2%	5.1%	4.7%
	失业	Count	87	198	285
		Expected Count	107.4	177.6	285.0
		% Within 从业状况	30.5%	69.5%	100.0%
		% Within 住房满意	7.7%	10.6%	9.5%
	其他	Count	111	184	295
		Expected Count	111.2	183.8	295.0
		% Within 从业状况	37.6%	62.4%	100.0%
		% Within 住房满意	9.8%	9.9%	9.9%
Total		Count	1 128	1 865	2 993
		Expected Count	1 128.0	1 865.0	2 993.0
		% Within 从业状况	37.7%	62.3%	100.0%
		% Within 住房满意	100.0%	100.0%	100.0%

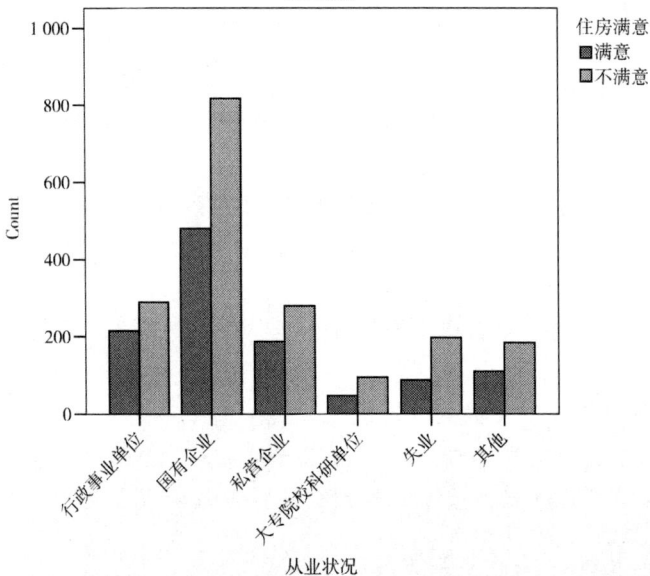

图 7　"从业状况"与"住房满意"交叉频数分布图表系统输出结果

　　期望频数及行间比率和列间比率在交叉表中各个单元格之间存在差异，交叉频数分布图中更为直观地显示出这种差异的存在。这是两变量之间存在相关关系的证据，但这种关系能否在统计意义上推及总体，则有待进一步的检验。

　　3.卡方检验

　　通过SPSS输出的卡方检验结果如图8所示。

Chi-Square Tests

	Value	df	Asymp.Sig. （2-sided）
Pearson Chi-Square	14.166ᵃ	5	.015
Likelihood Ratio	14.287	5	.014
Linear-by-Linear Association	4.764	1	.029
N of Valid Cases	2 993		

0 cells （.0%） have expected count less than 5.The minimum expected count is 53.52.

图8　卡方检验系统输出结果

　　卡方统计量的值为14.166，相应的P值为0.015。

　　4.做出统计决策

　　给定显著性水平，譬如0.05，那么，在这个显著性水平下，可以推断两变量之间在总体中存在相关关系。

【实验步骤四】

　　判断"文化程度"与"家庭收入"两变量之间可能存在相关关系。家庭收入应当随着文化程度的不同而有所变化。其分析步骤如下：

　　1.选择分析方法

　　"文化程度"为定类型变量，"家庭收入"为数值型变量。此问题是从"文化程度"看"家庭收入"，即以定类型变量为自变量，数值型变量为因变量，因此两变量之间关系的分析适合选用方差分析的方法。

　　2.观察不同文化程度下家庭收入样本均值的差异状况

　　运用"Analyze"下拉菜单"Compare Means"中的"Means"命令，进入有关的对话框，通过有关选项，得到的不同文化程度下家庭收入样本均值计算结果如图9所示。

Report

家庭收入

文化程度	Mean	N	Std.Deviation
初中及以下	13 210.66	805	9 963.776
高中（中专）	15 527.44	1 258	10 207.520
大学（专、本科）	24 090.96	896	20 615.178
研究生及以上	35 617.65	34	34 580.617
Total	17 696.16	2 993	15 298.803

图9　不同文化程度下家庭收入均值系统输出结果

结果表明，不同文化程度下家庭收入样本均值之间是存在差异的。这是两变量之间存在相关关系的证据，但这种关系能否在统计意义上推及总体，则有待进一步的检验。

3.方差分析

运用"Analyze"下拉菜单"Compare Means"中的"One way ANOVA"命令，进入有关的对话框，通过有关选项，得方差分析结果如图10所示。

ANOVA

家庭收入

	Sum of Squares	df	Mean Square	F	Sig.
Between Groups	7E+010	3	2.322E+010	110.081	.000
Within groups	6E+011	2989	210978212.4		
Total	7E+011	2992			

图10　方差分析系统输出结果

F统计量的值为110.081，相应的P值为0.000。

4.做出统计决策

在给定的显著性水平下，观察F统计量及其P值，推断两变量之间是否在总体中存在相关关系。

【问题思考】

1.本实验中，我们只是针对给定数据演示了部分统计描述和统计推断的步骤。你是否还对其他内容感兴趣？尝试一下进一步完善统计描述和统计推断的其他步骤。

2.你是否对"家庭收入"与"未来三年"两变量之间的关系感兴趣？是否考虑过如何以家庭收入的多少，来预测其未来三年是否购置新房？应当采用什么方法？如何预测？

3.在实验步骤三和实验步骤四中的卡方检验和F检验中，如果显著性水平确定为0.01，统计决策的结果会如何变化？

4.实验步骤四中，在确认不同收入的家庭在未来三年是否购房方面存在显著差异的前提下，进一步检验不同收入水平两两之间的差异情况，应当采用什么方法？如何进行SPSS操作？

5.本实验中仅限于讨论两变量之间的关系问题，如果是多变量之间的关系问题的讨论，会涉及哪些统计方法？

【实验总结】

结合实验内容参考上述操作步骤自主选择分析方法，并完成相关的SPSS操作，观察和整理输出结果，得出分析结论。查阅有关资料，撰写一份主题明确、论证充分的分析报告。分析报告中应包含以下要点：

（1）问题的提出。

（2）变量设置的理由。

（3）数据搜集的基本方法和过程。

（4）数据的结构特点。

（5）分析方法的选择。

（6）分析过程中的主要步骤及其结果的评述。

（7）数据对有关模型理论假设的符合程度。

（8）分析结论。

实验课题篇

【实验目的】

1.掌握单样本总体均值区间估计。
2.掌握总体均值差区间估计。
3.熟练掌握相关的SPSS操作。

【实验工具】

1.SPSS软件11.0或16.0版本。
2.老年人电视观众虚拟总体。

【实验内容】

某地区的一位针对老年人市场的电视节目赞助商，希望了解老年人每周看电视的时间，因为这个信息对电视节目设计以及广告策略和广告数量的制定有着重要的参考价值。赞助商决定开展这项有关老年人看电视时间情况的抽样调查，但由于经费的限制，样本容量只能限制在200以内，并认为95%置信度是可以接受的。

【实验步骤】

1.熟悉老年人电视观众虚拟总体［kdssj.sav］。

2.由总体中抽取容量为100的样本。

3.针对样本数据进行图表描述与统计量描述。

4.对老年人总体平均每周看电视时间做出95%的置信区间。

5.抽取容量为200的样本，重复3和4步骤，比较两次抽样推断结果的差异。

6.独立抽取容量各为100的男士和女士的随机样本。

7.针对样本数据分别进行图表描述与统计量描述。

8.对男士和女士平均每周看电视时间的差异做出95%的置信区间。

9.对照总体参数的真值，找出你的推断结论与总体真值之间的差异，说明产生差异的原因。

【实验指导】

1.步骤2中所生成的样本可另存为新文件，以便于熟悉样本数据和进行接下来的其他操作。其具体操作为：【Data】 → 【Select Cases】 → 【Random Sample of Cases】 → 【Sample】 → 【Exactly 100 cases from the first 19815】 → 【Continue】 → 【Copy selected cases to a new dataset】 → 【"指定文件名"】 → 【OK】。

2.步骤5中所生成的样本数据同样建议另存为新文件。

3.步骤6中生成两个容量各为100的样本时，须先将原数据文件分解为"男士"和"女士"两个数据文件，再分别从中抽取样本数据。抽取两个样本数据时，同样建议另存为新文件，并通过"merge files"加以合并，然后再进行其他操作。

实验课题二

【实验目的】

1.掌握单样本总体均值检验。
2.掌握总体均值差检验。
3.熟练掌握相关的SPSS操作。

【实验工具】

1.SPSS软件11.0或16.0版本。
2.两家商场顾客群的虚拟总体。

【实验内容】

　　某城市甲、乙两家最大的商场，最近各自都在采取自认为最有效的手段，积极开展促销活动，而且都自认为取得了好于竞争对手的促销效果。如何评价这两家商场促销效果的优劣？这里有一个比较客观的评价标准：两家商场各自顾客群体中的每一位成员，如果都认为自己比预先的打算多支出了消费额，那么，哪一家商场的顾客群体所多支出的消费额多，就应当认为哪一家商场的促销效果更好一些。请对两家商场促销效果的高低做出科学的统计推断。

【实验步骤】

1.熟悉两家商场顾客群的虚拟总体〔jscjhwzc.sav 和 yscjhwzc.sav〕。

2.分别由两个总体中抽取容量为100的样本。

3.分别针对两个样本数据进行图表描述与统计量描述。

4.对两家商场各自的促销效果总体均值给出95%的估计区间。

5.以0.05的显著性水平，对两家商场促销效果的差异情况进行比较。

6.对照总体参数的真值，找出你的推断结论与总体真值之间的差异，说明产生差异的原因。

7.分别由两个总体中抽取容量为200的样本。重复3、4、5和6步骤，比较两次抽样推断结果的差异。

【实验指导】

1.抽取容量为100（或200）的样本时，设置如下：exactly〔100（或200）〕cases from the first〔22456〕cases。

2.建议将步骤2和步骤6中所生成的样本另存为新文件。

3.进行两商场总体均值比较之前，应将先前所生成的两个样本数据加以合并。

4.根据实际情况选择合理的原假设表述方式。

5.系统输出的P值均为双侧的，在你所做的单侧检验或双侧检验中，要注意根据显著性水平选择合理的P值比较方式进行决策。

实验课题三

【实验目的】

1.掌握单因素方差分析方法原理。
2.掌握单因素方差分析中的多重比较方法原理。
3.熟练掌握相关的SPSS操作。

【实验工具】

1.SPSS软件11.0或16.0版本。
2.三个地区居民户虚拟总体。

【实验内容】

某房地产开发商打算在A、B、C三个地区投资建设中、小规模的超市，可行性研究中的一个非常重要的决策依据，就是这三个地区周边居民户的收入水平。作为投资项目可行性研究组的成员，请你做一次抽样调查，比较一下这三个地区居民户收入水平的差异情况。

【实验步骤】

1.熟悉三个地区居民户虚拟总体 [jmhsra.sav、jmhsrb.sav 和 jmhsrc.sav]。

2.分别由三个地区独立抽取容量为10的样本。

3.分别针对三个样本数据进行图表描述与统计量描述。

4.对三个地区居民户收入的总体均值给出95%的估计区间。

5.对三个地区居民户收入的差异情况进行F检验。

6.对三个地区居民户收入的差异情况运用LSD法进行多重比较。

7.对照总体参数的真值，找出你的推断结论与总体真值之间的差异，说明产生差异的原因。

8.分别由三个地区独立抽取容量为100的样本。重复3、4、5、6和7步骤，比较两次抽样推断结果的差异。

【实验指导】

1.建议将步骤2中所生成的三个样本另存为新文件。

2.抽取容量为10（或100）的样本时，SPSS有关操作中的设置如下：exactly [10（或100）] cases from the first ［15026］cases。

3.进行三个地区居民户收入方差分析时，应将先前所生成的三个样本数据加以合并。

4.显著性水平可给定为0.05。

5.多重比较过程中，要注意整体拒真错误概率问题，决策时应参照Bonferroni等修正法的修正结果。

实验课题四

【实验目的】

1. 掌握列联表中的 χ^2 检验的方法原理。
2. 掌握列联表中的相关性测量方法原理。
3. 熟练掌握相关的 SPSS 操作。

【实验工具】

1. SPSS 软件 11.0 或 16.0 版本。
2. 汽车驾驶员中保单持有者的虚拟总体。

【实验内容】

保险公司理赔部的有关负责人认为，年轻的汽车驾驶员发生交通事故的次数较多，因此需要收取更高一些的保费。这种想法和做法有道理吗？请你针对汽车驾驶员中的保单持有者总体做一次抽样调查，运用统计方法来回答这个问题。调查和分析过程中，可以将汽车驾驶员中的保单持有者的年龄划分为"25以下"、"25～40"、"40～55"和"55以上"四个年龄段，在每个年龄段中观察他们是否有过索赔记录。

【实验步骤】

1.熟悉汽车驾驶员中的保单持有者虚拟总体 [bdcyz.sav]。

2.随机抽取容量为 1 600 的样本。

3.制作样本 SPSS 数据集。

4.编制列联表并绘制交叉频数分布图。

5.给出问题中的原假设。

6.进行 χ^2 检验。

7.计算列联表中的相关系数。

8.对照总体参数的真值，找出你的推断结论与总体真值之间的差异，说明产生差异的原因。

9.随机抽取容量为 3 000 的样本。重复步骤 3、4、5、6、7 和 8，比较两次抽样推断结果的差异。

【实验指导】

1.建议将步骤 2 中所生成的三个样本另存为新文件。

2.抽取容量为 1 600 （或 3 000）的样本时，SPSS 有关操作中的设置如下：exactly [1 600（或 3 000）] cases from the first [65536] cases。

3.制作样本 SPSS 数据集时，至少应设置 "年龄段" 和 "是否有索赔记录" 两个变量。

4.列联表中的单元格可同时显示观察频、期望频数以及行间或列间比率，以便于对两个变量之间关系的观察。

5.显著性水平可给定为 0.05。

主要参考文献

［1］Lessler.调查中的非抽样误差［M］.金勇进，译.北京：中国统计出版社，1997.

［2］柯惠新.市场调查与分析［M］.北京：中国统计出版社，2000.

［3］海格.市场调研［M］.张天赐，译.北京：中国标准出版社，2000.

［4］埃维森.统计学基本概念和方法［M］.吴喜之，译.北京：高等教育出版社，2000.

［5］Johnson.实用多元统计分析［M］.陆璇，译.中文4版.北京：清华大学出版社，2001.

［6］骆克任.社会经济定量研究与SPSS和SAS的应用［M］.北京：电子工业出版社，2002.

［7］王公达.寻踪觅迹：商务调查实录［M］.上海：复旦大学出版社，2002.

［8］金勇进.抽样技术［M］.北京：中国人民大学出版社，2002.

［9］安德森.商务与经济统计［M］.张建华，译.中文7版.北京：机械工业出版社，2002.

［10］布莱克.以Excel为决策工具的商务与经济统计［M］.张久琴，译.北京：机械工业出版社，2003.

［11］赵振伦.统计学——理论·实务·案例［M］.上海：立信会计出版社，2005.

［12］宋廷山.应用统计学——以Excel为分析工具［M］.2版.成都：西南财经大学出版社，2006.

［13］颜虹.医学统计学［M］.北京：人民卫生出版社，2006.

［14］卢纹岱.SPSS for Windows统计分析［M］.3版.北京：电子工业出版社，2007.

［15］王玉荣.统计数据分析软件教程［M］.北京：对外经济贸易大学出版社，2007.

［16］薛薇.基于SPSS的数据分析［M］.北京：中国人民大学出版社，2007.

［17］肖智.应用统计学实验［M］.重庆：重庆大学出版社，2007.

［18］李金昌，苏为华.统计学［M］.北京：机械工业出版社，2009.

［19］刘小平，李忆，段俊.统计学——理论、案例、实训［M］.北京：电子

工业出版社，2017.

　　［20］张爱武，孙慧慧．统计案例分析［M］．北京：电子工业出版社，2017.

　　［21］邓维斌，等．SPSS 23（中文版）统计分析实用教程［M］．2版．北京：电子工业出版社，2017.

　　［22］刘超．简明应用统计学［M］．北京：中国人民大学出版社，2015.

　　［23］胡德华．统计学原理［M］．北京：清华大学出版社，2017.